t
p o

Christian Marazzi

Le socialisme du capital

Traduit de l'italien par
Jeanne Revel et Judith Revel

diaphanes

Socialisme du capital [1]

Dans le dernier cours au Collège de France de l'année 1978-1979, Foucault pose la question suivante : « Comment faire pour que le souverain ne renonce à aucun de ses domaines d'action, ou encore pour que le souverain ne se convertisse pas en géomètre de l'économie – comment faire ? La théorie juridique n'est pas capable de reprendre en compte ce problème et de résoudre la question : comment gouverner dans un espace de souveraineté peuplé par des sujets économiques, puisque précisément la théorie juridique – celle du sujet de droit, celle des droits naturels, celle des droits concédés par contrat, celle des délégations –, tout ceci ne s'ajuste pas et ne peut pas s'ajuster [...] à l'idée mécanique, à la désignation même et à la caractérisation de l'*homo oeconomicus* [2]. »

L'art libéral de gouverner afin d'exercer le pouvoir simultanément sur des sujets de droit et des sujets économiques radicalement hétérogènes entre eux a donc besoin d'un nouvel « objet » et d'un nouveau « milieu », d'un espace relativement autonome. Selon Foucault, ce nouveau plan de référence qui s'impose face à l'émergence historique de l'*homo oeconomicus*, c'est la *société civile*. La société civile représente la réponse à la question que nous venons de rappeler – « Comment gouverner, selon les règles de droit, un espace de souveraineté qui a

---

1 Publié à l'origine dans le volume collectif *Lessico marxiano*, Rome, Manifestolibri-LUM, 2008, p. 155–167.
2 M. Foucault, *Naissance de la biopolitique. Cours au Collège de France, 1978–1979*, Paris, EHESS-Gallimard-Seuil, 2004, p. 298.

le malheur ou l'avantage, comme vous voudrez, d'être peuplé par des sujets économiques [3] ? »

Le fait que les sujets de droit et les sujets économiques soient hétérogènes, c'est-à-dire non superposables, et qu'ils ne soient pas gouvernables selon la même *ratio*, dépend du fait que les premiers s'intègrent à l'ensemble dont font partie les seconds selon la dialectique de la renonciation à ses droits personnels ; alors que les seconds s'intègrent aux premiers « non pas par un transfert, une soustraction, une dialectique de la renonciation, mais par une dialectique de la multiplication spontanée [4] ». L'*homo oeconomicus* constitue, dès sa première apparition, une sorte d'atome d'intérêt à la fois irremplaçable et irréductible (dans la mentalité libérale, on ne demande pas à un individu de renoncer à son propre intérêt) ; la chose dépend essentiellement de la manière dont un sujet économique se présente face au pouvoir souverain. À la différence du sujet de droit, le sujet économique ne se contente pas de limiter le pouvoir du souverain : au moins dans une certaine mesure, il le fait *déchoir* au prétexte de son incapacité à dominer la totalité du milieu économique. En effet, face au champ économique, « le souverain ne peut qu'être aveugle ». Les labyrinthes et les méandres du champ économique prennent la place des desseins de la Providence ou des lois divines, de cette opacité qui, au Moyen Âge, surplombait le souverain et qui, précisément à cause de cette transcendance, légitimait l'exercice de son pouvoir sur la Terre. Dans l'économie libérale de marché, la même ignorance, le voile d'ignorance (ou la main invisible) sont à la base de l'action égoïste du sujet économique et de

---

3   Id., *ibid.*, p. 299.
4   Id., *ibid.*, p. 296.

sa rationalité. Parce qu'elle contient en elle-même un principe de souveraineté et de divinité, l'économie de marché oblige à redéfinir en permanence les modalités de l'art de gouverner. La société civile s'offre alors comme une solution à l'aporie qui mine la gouvernabilité, dès lors que celle-ci doit s'appliquer à une multitude de sujets hétérogènes entre eux.

Dans la définition canonique qu'en donne Ferguson[5], la société civile est l'ensemble concret à l'intérieur duquel vivent les sujets économiques qu'Adam Smith tentait d'étudier. Foucault, lecteur de Ferguson, repère à cela quatre raisons principales. Tout d'abord, la société civile représente une sorte de social pré-social, une constante historico-naturelle qui, *ab origine*, associe spontanément et de manière indissoluble l'individu et la société (« le lien social est sans préhistoire[6] »). « Le langage, la communication et par conséquent un certain rapport perpétuel des hommes entre eux est absolument caractéristique de l'individu et de la société, parce que l'individu et la société ne peuvent pas exister l'un sans l'autre. Bref, il n'est jamais venu un moment, ou en tout cas il est inutile d'essayer d'imaginer un moment, où on serait passé de la nature à l'histoire, de la non-société à la société. La nature de la nature humaine est d'être historique, car la nature de la nature humaine est d'être sociale[7] ».

---

5   A. Ferguson, *An Essay on History of Civil Society*, Edinburgh, 1767 (2ème édition corrigée : Londres, 1768), trad . fr. de M. Berger, *Essai sur l'histoire de la société civile*, Paris, 1783 (traduction révisée, annotée et introduite par Claude Gautier, Paris, PUF, 1992).
6   M. Foucault, *Naissance de la biopolitique*, *op. cit.*, p. 303.
7   Id., *ibid.*, p. 302–303.

Deuxièmement : la société civile représente une synthèse spontanée des individus qui n'a pas besoin de construire une souveraineté à travers l'établissement d'un pacte de sujétion. C'est la réciprocité (la *sympathy* smithienne) qui lie les unes aux autres les individualités : « En effet, ce qui lie les individus dans la société civile, ce n'est pas le maximum de profit dans l'échange, c'est toute une série qu'on pourrait appeler d'intérêts désintéressés [8] ». L'instinct, le sentiment, la sympathie, la compassion, mais aussi bien la répugnance à l'égard des autres individus ou de leur malheur. « Donc, c'est là la première différence entre le lien qui unit les sujets économiques et les individus qui font partie de la société civile : il y a tout un intérêt non égoïste, tout un jeu d'intérêts non égoïstes, tout un jeu d'intérêts désintéressés beaucoup plus large que l'égoïsme lui-même ». La société civile est une synthèse spontanée à l'intérieur de laquelle le lien économique trouve sa place, même si elle le menace sans cesse à cause de sa vocation à aller au-delà de toute limite communautaire et de toute dimension locale.

Troisièmement : dans la société civile, il y a une formation spontanée du pouvoir – un pouvoir qui précède son institution à travers la délégation, c'est-à-dire avant même qu'il y ait définition juridique du pouvoir souverain. Comme le souligne Ferguson, nous suivons un chef avant même d'imaginer la possibilité de discuter son pouvoir, ou d'avoir fixé les formes de son élection. La structure juridique du pouvoir arrive toujours après, *a posteriori*. « Donc l'homme, sa nature, ses pieds, ses mains, son langage, les autres, la communication, la société, le pouvoir, tout ça constitue un ensemble solidaire qui est préci-

---

8   Id., *ibid.*, p. 305.

sément caractéristique de la société civile [9] ». Enfin, la société civile est le moteur de l'Histoire parce que l'équilibre spontané et stable qui la fonde existe paradoxalement en vertu de forces désagrégeantes, déséquilibrantes, conflictuelles (comme dans le cas du conflit entre les intérêts économiques et les intérêts sociaux), et que cela la condamne du même coup à se renouveler en permanence. « Le principe d'association dissociatif est aussi un principe de transformation historique. Ce qui fait l'unité du tissu social est, en même temps, ce qui fait le principe de la transformation historique et du déchirement perpétuel du tissu social [10] ».

Il faut avoir conscience de ce que la manière dont Foucault, dans le sillage de Ferguson, interprète la société civile, représente une alternative radicale aux théories de Hobbes, de Rousseau, de Montesquieu et de Hegel (et nous pourrions même ajouter de Carl Schmitt), pour lesquelles l'articulation, dans l'histoire, du rapport entre société civile et forme de l'État est fondée sur une succession logico-juridique [11]. Pour Foucault, au contraire, il y a « une génération perpétuelle de l'histoire sans dégénérescence, une génération qui n'est pas une suite juridico-logique, qui est une formation perpétuelle de nouveau tissu social, de nouvelles relations sociales, de nouvelles structures économiques, et par conséquent de nouveaux types

---

9 Id., *ibid.*, p. 308.
10 Id., *ibid.*, p. 310.
11 « On entre dans un tout autre système, me semble-t-il, de pensée politique et c'est, je crois, la pensée ou, en tout cas, la réflexion politique interne à une technologie de gouvernement nouvelle, ou à un nouveau problème posé aux techniques de gouvernement, aux technologies de gouvernement, par l'émergence du problème économique (Id, *ibid.* p. 312).

de gouvernement [12] ». L'autonomie du politique que recherche Foucault, cet espace « autre » par rapport à ceux qui sont habités par des sujets économiques et des sujets juridiques hétérogènes entre eux, cette dimension nécessaire afin de faire cohabiter une multitude de sujets irréductibles les uns aux autres, on ne la trouve pas, de manière logico-juridique, dans l'État souverain – *mais dans la société elle-même*. Il s'agit d'une sorte d'« État dans l'État », d'une autonomie politique pour ainsi dire pré-étatique, constituée par des liens historico-naturels qui n'ont pas besoin de déléguer le pouvoir au souverain pour assurer la gouvernabilité de la société et de ses conflits internes. Ce n'est pas un hasard si Foucault cite alors Thomas Paine [13] : s'il est vrai que la société civile est donnée en tout et pour tout, et qu'elle se garantit à elle-même sa propre synthèse ; s'il est vrai qu'il existe une sorte de gouvernementalité interne à la société civile, quel besoin avons-nous d'un gouvernement supplémentaire ?

La découverte d'un espace relativement autonome, pré-étatique, d'un « État dans l'État », pose la question du rapport entre la société civile et l'État, ou entre la société civile et le

---

12 Id., *ibid.*, p. 311.
13 La citation de Paine est en effet la suivante : « Il ne faut pas [dit-il] confondre société et gouvernement. La société est produite par nos besoins, mais le gouvernement est produit par nos faiblesses. (…) La société encourage la relation, le gouvernement crée des différences » (Id., *ibid.*, p. 313–314. Foucault cite ici l'ouvrage de Paine *Common Sense Addressed to the Inhabitants of America…*, Philadelphie, W. et T. Bradford, 1776 ; traduit par F.-X. Lanthenas, *Sens commun, ouvrage adressé aux Américains* – précédé de *Théorie et pratique des droits de l'homme* –, Rennes, R. Vatan, 1793, p. 165. Voir également à ce sujet la note n° 31 de la deuxième heure de la leçon du 4 avril 1979, in *Naissance de la biopolitique, op. cit.*, p. 320).

gouvernement souverain, de manière totalement anormale par rapport à la tradition de la pensée politique moderne. L'État de droit n'est pas destiné à neutraliser le conflit social, sa vocation n'est pas de sublimer, à travers l'ordre politique (c'est-à-dire à travers l'autonomie du politique étatique) ce que la société civile ne réussit pas à réglementer ou à réaliser en son sein. L'État n'est donc pas l'auto-conscience et la réalisation éthique de la société civile. Le conflit politique est historiquement donné comme conflit entre droit des vainqueurs et droit des dominés. Pour Foucault, le champ sémantique de la politique est un véritable champ de bataille [14].

La société civile comme espace de gouvernementalité d'éléments constitutivement non homogènes se présente à nouveau – et de manière plus intense encore, en tant que *problème* – au moment de ce tournant historique du fordisme au post-fordisme dans lequel s'inscrit la réflexion de Foucault sur la biopolitique : « D'où un nouveau problème, passage à une nouvelle forme de rationalité comme index de réglage du gouvernement. Il s'agit maintenant de régler le gouvernement non pas sur la rationalité de l'individu souverain qui peut dire « moi, l'État », [mais] sur la rationalité de ceux qui sont gouvernés, ceux qui sont gouvernés en tant que sujets économiques et, d'une façon plus générale, en tant que sujets d'intérêt, intérêt au sens le plus général du terme [...] [15] ».

---

14 « Philosophes allemands, analystes politiques en Angleterre, historiens en France, c'est toujours ce même problème de la société civile que vous allez retrouver comme, je crois, problème politique et théorie politique majeurs » (Id., *ibid.*, p. 314).
15 Id., *ibid.*, p. 315–316.

Foucault semble comprendre que le concept de société civile est en train de vaciller sous les coups des processus d'économicisation de la société mis en place par les politiques néolibérales [16] de la fin des années 1970.

La rationalité des sujets économiques est en effet à un pas de la conquête du pouvoir, d'abord en Angleterre, avec Margaret Thatcher, puis aux États-Unis, avec Ronald Reagan ; et à partir de ce tournant-là – jusqu'à aujourd'hui –, c'est précisément « cette rationalité-là des gouvernés qui doit servir de principe de réglage à la rationalité du gouvernement [17] ». Le tournant libéral pose un problème nouveau, celui du repérage *dans* la société civile des éléments qui ont historiquement permis d'assurer l'unité d'un tout pourtant intrinsèquement hétérogène – bien avant que ce repérage n'advienne dans la sphère de la représentation. L'extension de la rationalité économique à la totalité du corps social, l'application de la grille économique aux sujets de droit eux-mêmes, aggrave l'irréductibilité de la multitude qui peuple la société civile. La dialectique de la multiplication spontanée du sujet économique se superpose à celle de la renonciation et de la délégation du sujet juridique. Gouverner sur la base de la rationalité des gouvernés signifie créer les conditions d'une multiplication des sujets ingouvernables.

---

16 L'auteur utilise l'adjectif « neoliberale » (néolibéral) quand il se réfère à la pensée politique, mais tend à employer l'adjectif « neoliberista » quand il s'agit d'économie. Le français ne permettant pas la distinction entre les deux termes (par ailleurs pratiquement synonymes en italien), nous traduisons dans les deux cas par « néolibéral » *(N.d.T.)*

17 *Naissance de la biopolitique, op. cit.,* p. 316.

Dans les leçons précédentes [18] du cours de 1979, quand il examine le néolibéralisme américain et ses liens programmatiques avec l'ordo-libéralisme allemand [19], Foucault montre de manière magistrale l'essence du projet néo-libéral de sortie du fordisme et du keynésianisme, c'est-à-dire la généralisation de la forme-entreprise à la société tout entière. D'un côté, observet-il, il s'agit de démultiplier le modèle économique de l'offre et de la demande, le modèle investissement-coût-profit, afin d'en faire « un modèle des rapports sociaux, un modèle de l'existence elle-même [20] ». De l'autre, pour faire de l'entreprise le modèle social universellement généralisé, il faut redéfinir un ensemble de valeurs morales et culturelles « chaudes » susceptibles de se substituer à la « froideur » du mécanisme de la concurrence. Dans la *Vitalpolitik* des ordo-libéraux allemands, l'intention à la fois théorique et pratique est de dépasser l'aliénation (plus exactement : l'antagonisme) du sujet économique fordiste par rapport à son milieu de travail, à sa vie, à sa maison et à sa famille. La politique économique néo-libérale « aura pour fonc-

---

18 Cf. à cet égard les leçons du 14 et du 21 mars 1979.

19 Sur ce point, et outre l'analyse foucaldienne déjà citée, on consultera par exemple L. Berti, *Il mercato oltre le ideologie*, Milan, Università Bocconi Editore, 2006.

20 *Naissance de la biopolitique, op. cit.*, leçon du 21 mars, p. 247. Une page plus haut, Foucault écrit également : « C'est-à-dire, en d'autres termes, l'application de la grille économique à un champ qui, au fond, depuis le XIXe siècle et on peut sans doute dire depuis la fin du XVIIIe déjà, avait été défini en opposition avec l'économie, ou en tout cas en complément de l'économie, comme étant ce qui en soi, par ses propres structures et par ses propres processus, ne relève pas de l'économie, quand bien même l'économie elle-même se situe à l'intérieur de ce domaine. Autrement dit encore, c'est le problème de l'inversion des rapports du social à l'économie qui est, je crois, en jeu dans ce type-là d'analyse » (*ibid.*, p. 245–246).

tion de compenser ce qu'il y a de froid, d'impassible, de calculateur, de rationnel, de mécanique dans le jeu de la concurrence proprement économique [21] ». Il est donc nécessaire d'avoir un cadre politique et moral capable de garantir « une communauté non désagrégée [22] », une coopération entre des hommes naturellement enracinés et socialement intégrés. Organiser le corps social selon les règles de l'économie de marché, voilà le programme de relance d'une société civile libérale.

La généralisation de la forme-entreprise à la société tout entière implique inévitablement la métamorphose de l'*homo oeconomicus*. Dans le néolibéralisme américain, en particulier grâce aux travaux de l'économiste et prix Nobel Gary Becker, l'*homo oeconomicus* cesse d'être une abstraction typique de l'économie classique, c'est-à-dire un sujet d'échange, un des partenaires du processus d'échange dont les comportements et les manières d'agir sont déterminés par ses besoins – et par la théorie de l'utilité qui sous-tend ces derniers. « *L'homo oeconomicus*, c'est un entrepreneur et un entrepreneur de lui-même. Et cette chose est si vraie que, pratiquement, ça va être l'enjeu de toutes les analyses que font les néolibéraux, de substituer à chaque instant, à l'*homo oeconomicus* partenaire de l'échange, un *homo oeconomicus* entrepreneur de lui-même, étant à lui-même son propre capital [23] ». L'homme économique vers lequel la société tout entière doit tendre ne devra pas seulement être un producteur de biens et de services, mais un consommateur qui produit sa propre satisfaction à partir du capital dont il dispose. Dit en termes marxiens, le projet

---

21 Id., *ibid*., p. 248.
22 Id., *ibid*., p. 248.
23 Id., *ibid*., p. 232.

néolibéral prévoit la subsomption réelle de la sphère de circulation, c'est-à-dire la sphère des échanges, sous la sphère de la production des marchandises. Le temps abstrait qui règle les échanges des marchandises doit confluer dans le temps concret, chaud et vital de la production de soi à travers la production de marchandises.

La transformation du sujet économique en entrepreneur de lui-même s'effectue selon deux lignes privilégiées. La première concerne l'organisation du travail à travers les processus de flexibilisation de la force de travail, et d'externalisation croissante des fonctions productives (*outsourcing*). Sur ce premier niveau, il s'agit de décontractualiser les rapports entre le capital et le travail afin de transformer l'entreprise en un nœud de contrats individuels – un *nexus of contracts*. Alors qu'elle était générique et abstraite, la force de travail est désormais singularisée de manière concrète, réduite à un atome d'intérêt individuel dont les compétences les plus universelles – par exemple le langage, la capacité relationnelle, la motilité, la perception sensorielle, les émotions – doivent être mises au travail sous le commandement étendu du capital. C'est là l'aspect le plus étudié du post-fordisme – celui qui permet de saisir le plus immédiatement le concept de biopouvoir du capital. La mise au travail de la vie, qui implique le dépassement de la séparation fordiste-industrielle entre la production et la reproduction, rend compte du processus omnivore de dé-spatialisation de l'usine, voire même de la virtualisation de l'entreprise qui fait que tous les aspects de la vie sont désormais traversés par le calcul économique.

La figure qui reflète le mieux, même si c'est de manière contradictoire, cette métamorphose du sujet économique en entrepreneur de lui-même est celle du « travailleur autonome de seconde génération [24] », le *free lance* produit par les processus d'externalisation des entreprises, la force de travail hétéro-dirigée, commandée à distance, et qui est obligée, pour travailler, d'activer des ressources collectives et des compétences vitales dans le temps très dense de la production-consommation de biens et de services [25]. Le travailleur autonome n'incarne pas seulement le projet néolibéral de sortie active du fordisme par l'individualisation du sujet producteur. Le travailleur autonome est également un laboratoire de production de ces valeurs culturelles « chaudes » et de ces mentalités dont le tournant néolibéral a absolument besoin pour relancer la société civile de manière nouvelle. Il est donc – il doit être – un sujet juridique qui ne délègue pas, et qui résume en lui-même de manière ambiguë et totalement contradictoire – mais non pas pour cela de manière moins réelle – la rationalité économique à laquelle l'État se réfère pour pouvoir gouverner.

Le résultat de ce premier processus de transformation du sujet économique en entrepreneur de lui-même, aussi partiel qu'il soit, est représenté par l'unification, dans le corps de la force de travail, des fonctions du capital fixe machinique et du capital variable. Dans le nouveau capitalisme postfordiste, le corps vivant de la force de travail contient en lui-même tout à la fois la fonction du capital fixe et celle du capital variable, c'est-à-dire à la fois le matériel et les instruments du travail

---

24 L'allusion est ici faite aux travaux du sociologue Sergio Bologna et de l'économiste Andrea Fumagalli. Voir en particulier S. Bologna et A. Fumagalli (dir.), *Il lavoro autonomo di seconda generazione. Scenarii del postfordismo in Italia*, Milan, Feltrinelli, 1997. *(N.d.T.)*
25 Outre les travaux de S. Bologna et A. Fumagalli cités plus haut, on se reportera également à A. Fumagalli, *Lavoro. Vecchio e nuovo sfruttamento*, Milan, Punto Rosso, 2006.

passé, et le travail vivant *présent* [26]. « Décomposé du point de vue du travailleur en termes économiques, le travail comporte un capital, c'est-à-dire une aptitude, une compétence ; comme ils [les néolibéraux] disent : c'est « une machine ». Et d'un autre côté, c'est un revenu, c'est-à-dire un salaire ou plutôt un ensemble de salaires ; comme ils disent : un flux de salaires [27] ».

La transposition des contenus et des fonctions propres à la machine industrielle (en particulier le savoir scientifique accumulé et les fonctions de coopération) au corps vivant de la force de travail se réalise concrètement grâce à la perte d'importance stratégique du capital fixe, aussi bien en termes physiques qu'en termes d'investissement financier. Cette perte d'importance est en particulier induite par la diffusion des technologies d'information et de communication.

Pour le sujet économique producteur, le salaire n'est plus le prix de la force de travail mais devient un revenu, un flux de revenus qui dérive du *rendement du capital humain investi.* Les conséquences de la décomposition du travail en capital et en revenu sont importantes : « [...] le capital ainsi défini comme ce qui rend possible un revenu futur, lequel revenu est le salaire, vous voyez bien que c'est un capital qui est pratiquement indissociable de celui qui le détient. [...] Autrement dit, la compétence du travailleur est bien une machine, mais c'est une machine qu'on ne peut pas séparer du travailleur

---

26 Sur cet aspect du capitalisme postfordiste, je me permets de renvoyer à mon « Capitalismo digitale e modello antropogenico di produzione », *in* Marazzi *et al.*, *Reinventare il lavoro*, Rome, Sapere 2000, 2005.
27 Id., *ibid.*, p. 230.

lui-même, ce qui ne veut pas dire exactement, comme la critique économique, ou sociologique, ou psychologique [le] disait traditionnellement, que le capitalisme transforme le travailleur en machine, et par conséquent, l'aliène [28] ».

C'est bien plutôt le corps-machine de la force de travail qui se sépare du capital, qui s'autonomise par rapport à lui. De ce point de vue, il faut entendre par biopolitiques du travail les processus d'unification des formes de vie consolidées dans le corps de la force de travail – là où se concentrent, d'une part, les règles, les codes, les paradigmes, les convictions héritées, les compétences, et de l'autre les activités productives au sein desquelles ces mêmes règles, codes et paradigmes sont appliqués afin de créer de la valeur. La rémunération du travailleur postfordiste est un salaire-revenu indexé sur le rendement du capital humain, c'est-à-dire sur C + V, la somme du capital constant et du capital variable. La contradiction, aujourd'hui, tient au fait que, dans le capital humain, seul V est reconnu – et encore, ce n'est pas toujours le cas !

L'individualisation de la force de travail, en tant qu'unification du capital constant et du capital variable dans le corps vivant de la force de travail, rend la réflexion de Gilbert Simondon sur les processus d'individuation particulièrement actuelle [29]. En effet, l'individuation de la force de travail à l'intérieur des processus productifs et reproductifs s'effectue à partir de ce

---

28 Id., *ibid.*, p. 230.
29 G. Simondon, *L'Individuation psychique et collective*, Paris, Aubier, 1989. Voir également l'importante postface de Paolo Virno à l'édition italienne du texte de Simondon (« Moltitudine e individazione », in G. Simondon, *L'individuazione psichica e collettiva*, Rome, DeriveApprodi, 2001), trad. fr. « Multitude et principe d'individuation », *Multitudes* n° 7, 4/2001, p. 103–117.

que Simondon nomme le *préindividuel*, c'est-à-dire l'ensemble générique et impersonnel (le « fond biologique ») des perceptions sensorielles, du langage et de la force productive historiquement déterminée (le *general intellect* marxien) qui caractérise l'espèce humaine. Comme l'écrit Paolo Virno : « Dans le capitalisme développé, le procès de travail requiert les qualités les plus universelles de l'espèce : la perception, le langage, la mémoire, les affects. Rôles et fonctions, dans le cadre du post-fordisme, coïncident largement avec l'"existence générique", avec le *Gattungswesen* dont parlent Feuerbach et le Marx des *Manuscrits économico-philosophiques* à propos des facultés les plus élémentaires du genre humain. L'ensemble des forces productives est certainement pré-individuel. Cependant parmi elles, la pensée a une importance particulière. Attention : la pensée objective sans rapport avec tel ou tel "moi" psychologique, la pensée dont la vérité ne dépend pas de l'assentiment des êtres singuliers [30]. »

Du point de vue de l'analyse de la société civile postfordiste, les processus d'individualisation/singularisation, précisément parce qu'ils placent le social et le biologique, c'est-à-dire l'universel indifférencié, *à l'origine* des processus d'individuation eux-mêmes, ne peuvent qu'approfondir la crise des présupposés de la gouvernementalité. Et Virno d'ajouter alors : « Pour le peuple, l'universalité est une *promesse*, pour les "multiples", c'est une *prémisse*. Change aussi la définition même de ce qui est commun/partagé. L'Un autour duquel gravite le peuple, c'est l'État, le souverain, la *volonté générale* ; l'Un que la multitude a derrière elle, c'est le langage, l'intellect comme res-

---

30 P. Virno, « Multitude et principe d'individuation », *op. cit.*, p. 110.

source publique et inter-psychique, les facultés génériques de l'espèce [31] ».

En paraphrasant ce que disait Paine à propos de la société civile, on pourrait alors légitimement se poser la question suivante : s'il est vrai que la force de travail sociale est un tout donné, s'il est vrai qu'elle assure elle-même sa propre synthèse à travers l'activation de qualités humaines génériques et par la coopération, s'il est vrai enfin qu'il existe une socialité « naturelle » qui est historiquement donnée à l'intérieur de la force de travail, quel besoin y a-t-il des capitalistes ?

C'est à ce niveau de crise – une crise qui touche le rapport entre le capital et le travail, c'est-à-dire la séparation classique entre les forces productives et les rapports de production, et la gouvernabilité de la société civile qui en découle – qu'entre en jeu la financiarisation du capital. Dans le nouveau capitalisme postfordiste, la financiarisation apparaît comme un véritable champ d'exercice du biopouvoir. D'abord, parce qu'elle est un dispositif de capitalisation du revenu différé, de l'épargne collective, à travers les marchés boursiers. Le capital se réapproprie la vie de la force de travail à travers le partage du risque lié au rendement futur des investissements. Tout se passe comme si, face aux processus d'individualisation/autonomisation de la force de travail, le capital replaçait le destin collectif de la force de travail sous son commandement financier. Transformer le travailleur en investisseur financier, en particulier à travers les fonds de pension, cela signifie reproduire la vieille séparation entre capital et travail sur le plan des processus d'individuation eux-mêmes. En effet, avec la financiarisation, la force

---

31 Id., *ibid.*, p. 104.

de travail est *directement* traversée par la contradiction entre salaire et épargne investie, entre prix de la force de travail et rendement du capital. En tant qu'épargnant, le travailleur est intéressé par les rendements futurs de son propre capital investi ; mais comme force de travail, ces mêmes rendements et leurs oscillations rétroagissent sur la stabilité de son salaire et de son poste de travail. Le salaire devient ainsi une variable d'ajustement du capital financier. Le « capitalisme managérial actionnaire » dresse matériellement l'une contre l'autre la vie future de la force de travail et sa vie présente [32]. Avec la financiarisation, l'exercice du biopouvoir s'applique directement à la totalité du cycle de vie de la force de travail.

Par ailleurs, la financiarisation est un dispositif d'agrégation des processus d'individuation, elle correspond à une sorte de « communisme du capital », d'extension de la « propriété des moyens de production » au déploiement de la force de travail [33]. C'est le capital financier qui, en tant que capital social, se présente comme « représentant collectif » de la multitude des sujets dont la société civile est composée. Pour paraphraser Simondon, le capital financier est le transindividuel qui approfondit les processus d'individuation en transformant les individus qui réalisent leurs propres intérêts en « sujets

---

32 Voir à ce sujet L. Gallino, *L'impresa irresponsabile*, Turin, Einaudi, 2005.
33 J'ai développé cet aspect de la financiarisation dans mon livre *Capitale e linguaggio. Dalla* New Economy *all'economia della guerra*, Rome, DeriveApprodi, 2002. Le premier à parler de « socialisme du capital » a été Peter Drucker – en référence aux processus de financiarisation à travers les fonds de pension. Voir à cet égard son *The Unseen Revolution. How pension fund Socialism Came to America*, Londres, Heinemann, 1976.

patrimoniaux ». La financiarisation définit la sphère publique du capital. Elle est spéculaire des tentatives – ratées – pour constituer politiquement un transindividuel entendu comme sphère publique séparée et autonome par rapport au capital. Sous cet angle, la financiarisation du capital est le signe de la crise politique des formes de la représentation politique de la multitude.

Enfin, la financiarisation révèle le devenir-rente du profit – c'est-à-dire le fait que le profit, comme rémunération du capital investi à l'intérieur des processus de production de la valeur, conquiert désormais ses taux de croissance *à l'extérieur* des processus de valorisation, *à l'extérieur* des lieux de production des biens et des services [34]. Si, par rapport au profit, la spécificité de la rente – et avant tout de la rente foncière – a toujours consisté à fonctionner comme un dispositif de captation de la valeur produite à l'intérieur des procès de travail, dans le capitalisme postfordiste actuel, cette même extériorité de la rente devient une caractéristique du profit lui-même. Le devenir-rente du profit est pour ainsi dire l'autre face d'une

_____

34 Ce thème est traité dans un essai de Carlo Vercellone, « Trinità del capitale », publié dans le volume collectif *Lessico marxiano*, *op. cit*. La thèse qui y est présentée, et que je partage totalement, se fonde sur deux propositions : « 1) la rente capitaliste, à partir du moment de sa formation historique, avec les *enclosures*, est l'autre visage du commun. Elle est le résultat d'un processus d'expropriation qui constitue tout à la fois le point de départ et l'élément de reproduction du capitalisme dans l'espace et dans le temps ; 2) la rente représente non seulement le point de départ du capitalisme mais aussi son devenir contemporain. Pourquoi son devenir ? Parce que dans un contexte où la loi de la valeur-temps de travail est désormais en crise, et où la coopération du travail semble toujours plus autonome par rapport aux fonctions de direction du capital, ce sont précisément les frontières entre la rente et le profit qui tendent à s'effriter ».

force de travail qui produit de la valeur en mettant au travail sa propre vie.

La financiarisation déploie son (bio-)pouvoir, son art de gouverner, à partir de son extériorité par rapport à la société civile. Il ne s'agit donc pas d'un héritage précapitaliste, d'une déviation à partir d'un soi-disant « bon » capitalisme productif et porteur d'une logique de l'accumulation favorable à la croissance de la production et de l'emploi. Il s'agit bien au contraire de l'autre face d'un régime d'accumulation pour lequel la société civile – sa transformation postfordiste – est traversée par la crise structurelle de la gouvernabilité. Carlo Vercellone écrit alors : « Tout se passe comme si au mouvement d'autonomisation de la coopération du travail correspondait un mouvement parallèle d'autonomisation du capital sous la forme abstraite, éminemment flexible et mobile, du capital-argent [35] ».

L'autorégulation de la société civile, cet espace autre que Foucault cherchait à la fin de son cours au Collège de France de 1978–1979, et qui était nécessaire pour faire cohabiter des sujets juridiques et des sujets économiques, est désormais transposée sur le plan de la financiarisation elle-même. C'est un point de non-retour. Ce n'est qu'en en saisissant la dimension structurelle que l'on pourra renverser la financiarisation et la transformer en une véritable autonomie par rapport au capital [36].

---

35 Id., *ibid.*, p.
36 Pour une analyse des contradictions internes aux processus de financiarisation à l'échelle mondiale, voir M. Aglietta et L. Berrebi, *Désordres dans le capitalisme mondial*, Paris, Odile Jacob, 2007.

La chimère du gouvernement mondial [1]

On peut résumer les questions fondamentales auxquelles les économistes cherchent une réponse de la manière suivante : quelle est la nature de cette crise ? Est-ce une crise financière ou réelle, cyclique ou systémique ? La comparaison avec la crise de 1929 a-t-elle un sens ?

Cela fait trente ans maintenant que l'on assiste à une succession de crises financières, majeures ou mineures, à peu près tous les trois ans. Cela montre que le capitalisme s'est désormais structurellement financiarisé, c'est-à-dire qu'il a mis les marchés financiers au centre de sa logique de fonctionnement à l'échelle mondiale. Cette crise est « systémique » parce qu'elle est née aux États-Unis, et qu'elle a révélé les contradictions (les déséquilibres fondamentaux) de la mondialisation telle qu'elle se joue depuis les années 1980, avec le poids de la dette publique et du déficit commercial américains, et le rôle de la politique monétaire centrée sur le dollar. Mais c'est également une crise « conjoncturelle », dans la mesure où le capitalisme financier est intrinsèquement instable, qu'il est terriblement fragile, et que la privatisation du *deficit spending* de keynésienne mémoire y joue un rôle fondamental. La comparaison avec la crise de 1929 peut surtout servir à mettre en évidence les différences entre un capitalisme fordiste naissant, celui des années 1920, et le capitalisme financier actuel, par certains aspects lui aussi naissant, au sens où il est marqué par des

---

1 Paru dans Cosma Orsi (dir), *Il capitalismo invecchia ? Sei domande agli economisti*, Rome, Manifestolibri, 2010.

dynamiques financières invasives, et surtout par la superposition de l'économie financière et de l'économie réelle.

En quoi la prédilection des économistes mainstream pour la formalisation mathématique, au détriment de la connaissance de l'histoire de l'analyse économique – et de l'histoire en général – a-t-elle joué dans leur incapacité à évaluer la probabilité de la crise ?

Le capitalisme financier est traversé par des contradictions formidables, des contradictions qui se déploient, de surcroît, à l'échelle mondiale et qui, pour une bonne part, renvoient à la question de la réalisation de la plus-value avec recours au *deficit spending* de marché, c'est-à-dire privé. Cette métamorphose, par rapport au *deficit spending* public où les États jouaient un rôle central dans la détermination de la demande effective, est le corollaire des transformations dans la manière de produire de la plus-value à partir de la fin des années 1970, c'est-à-dire de l'extension progressive des processus de valorisation à la sphère de la circulation, de l'échange, somme toute de la reproduction. Ce qu'on a appelé le « biocapitalisme », dans lequel les formes de vie et la vie même sont « mises au travail », au point de transformer le consommateur en producteur de biens et de services, est un capitalisme historiquement nouveau, qui est caractérisé par la crise de la mesure de la valeur et, par conséquent, par l'impossibilité structurelle de le gouverner avec les outils de la régulation. C'est la nature même du nouveau capitalisme qui met hors jeu les économistes *mainstream* et leurs modèles économétriques assis sur l'hypothèse de l'efficience des marchés. Une meilleure connaissance historique des transformations du capitalisme leur permettrait certainement de comprendre que ces changements reflètent une nouvelle composition sociale du travail.

Cela fait longtemps que des commentateurs autorisés font remarquer que la circulation libre et frénétique des capitaux (qui est le résultat de la libéralisation et de la déréglementation de la finance) sape les bases mêmes de la démocratie économique, c'est-à-dire de la démocratie tout court. Pensez-vous qu'aujourd'hui, la politique devrait s'en tenir au rôle de régulateur du marché, ou est-ce qu'elle devrait aller plus loin ?

La politique, aujourd'hui, est sans aucun doute l'otage de la finance, au sens où l'autonomie du politique est très restreinte, et qu'elle est contrainte de s'adapter aux vicissitudes des marchés financiers et aux effets dévastateurs de la financiarisation sur les dimensions économiques et sociales. Il suffit de penser aux très lourdes coupes que devra supporter la dépense publique en matière sociale à cause de l'accroissement démesuré de la dette publique. On peut sans doute affirmer que la financiarisation sape les bases de la représentation politique dans la mesure où elle la prive de sa capacité d'autonomie par rapport aux contradictions et aux conflits internes aux processus économico-financiers. La politique ne parvient pas non plus à instaurer un minimum de règles pour contenir l'expansion de la finance, même si elle fait des tentatives qui sont autant de fuites en avant, comme par exemple le « gouvernement mondial du G20 », et dont il apparaît très vite qu'elles renforcent encore un peu plus les processus de financiarisation. Pour « aller plus loin » la politique doit reconnaître qu'elle est elle-même en crise et – comment dire ? – repartir du bas, des luttes, des formes de vie, des revendications sociales qui, dans et contre la crise, sont en train de se développer partout.

Beaucoup pensent que l'issue de la crise ne peut advenir que sur l'axe Washington-Pékin. Peut-on faire l'hypothèse que le modèle européen d'État social – si l'on peut encore parler de modèle européen – pourrait servir de référence à des politiques économiques alternatives aussi bien au consensus de Washington, qu'au capitalisme d'État chinois ? Ou alors court-on le risque que, dans le futur système économico-politique mondial, l'Europe (avec le Sud du monde) soit reléguée à une position marginale ?

Il ne fait pas de doute que le scénario chimérique selon lequel la Chine et l'Amérique se soutiendraient mutuellement en recourant à des politiques monétaires de financement de la dette publique compatibles avec le déséquilibre fondamental qui s'est instauré ces dernières années (la Chine avec un excédent d'épargne, l'Amérique avec une montagne de dettes), est pour ainsi dire inévitable. La question est : combien de temps est-ce que cela va durer ? Par exemple combien de temps faudra-t-il avant que la Chine parvienne à relancer de manière durable sa demande interne, non seulement avec des programmes d'investissements infrastructurels gigantesques, mais aussi avec des salaires et de la dépense sociale à la hauteur des besoins du peuple chinois ? Il faut peut-être se rappeler que plus de la moitié des *corporations* américaines cotées à Wall Street font des profits en produisant directement en Chine, ce qui complique beaucoup la possibilité même de rééquilibrer le système économique mondial à travers le seul axe Chine-États-Unis. On peut penser que la Chine soutiendra les États-Unis, à travers des politiques de soutien au dollar et le financement de la dette publique américaine, jusqu'à ce qu'elle soit solidement établie au sud du monde, en Amérique latine et en Afrique. À partir de ce moment, peut-être d'ici cinq ans seulement, l'axe mondial ne sera plus Est-Ouest mais Est-Sud. Dans ce scénario, l'Europe sera perdante, à moins qu'elle ne réussisse à développer des politiques de *welfare* centrées sur l'accès à la connaissance et le développement de technologies éco-soutenables, des politiques sociales d'investissement réellement autonomes par rapport aux modèles américain et chinois.

L'augmentation actuelle de la dépense publique ne concerne pas la dépense sociale (éducation, santé, retraites, allocations chômage), mais le sauvetage des banques, des sociétés financières et des grands groupes. Les revenus du travail (salaires réels et pensions) sont néanmoins toujours bridés : une intervention du côté de l'offre, plutôt que de la demande, ne serait-elle pas la juste stratégie pour sortir de la crise, en revenant à des niveaux acceptables de chômage ?

La financiarisation de l'économie, telle qu'elle a eu lieu ces dernières années, implique une transformation de la modalité de monétarisation du circuit économique, c'est-à-dire qu'aujourd'hui, c'est dans la sphère directement financière que la monnaie est créée et injectée dans le circuit économique sous forme de rentes. Il s'agit d'une pure et simple privatisation de la monnaie, appuyée par la politique monétaire des banques centrales. Cela rend possible une reprise des marchés financiers indépendamment de la reprise de l'économie réelle, ce qui veut dire, entre autres choses, que les salaires directs et indirects (pensions de retraite) pourront rester faibles encore longtemps. Par ailleurs, la capacité d'une économie à créer de l'emploi est largement indépendante de sa croissance économique. L'économiste français Michel Husson a récemment comparé le rapport entre taux de croissance et chômage entre 1959 et 1974 et entre 1993 et 2008. Il apparaît que pendant les quinze dernières années des Trente Glorieuses, l'emploi a moins augmenté que lors de ces quinze dernières années, tandis que le taux de croissance du PIB entre 1959 et 1974 a été supérieur en moyenne à celui qui a été constaté entre 1993 et 2008. Dans la situation actuelle, où les perspectives d'emploi et de croissance sont très négatives, cela disqualifie les politiques keynésiennes en vertu desquelles l'augmentation des salaires, c'est-à-dire de la demande, peut *en soi* entraîner une reprise de l'emploi. En d'autres termes, l'augmentation de la demande, c'est-à-dire du revenu, doit se fonder sur une aspiration à la justice sociale et à l'autonomie nourrie par les dynamiques de la reprise économique. C'est en ce sens qu'il faut interpréter la revendication d'un revenu garanti, ou d'une « rente » indexée aux besoins sociaux : demandons-nous quels sont les emplois dont nous avons besoin pour réduire la pénibilité du travail, demandons-nous de quel revenu nous avons besoin pour défendre les biens communs plutôt que de les privatiser pour « créer de l'emploi ».

Quel sera le prix à payer par les générations futures lorsqu'elles devront faire face aux modalités et aux dimensions de l'endettement auquel les gouvernements recourent aujourd'hui dans leur tentative de sauver l'économie mondiale du naufrage ?

Ce prix peut être très élevé, et nous sommes déjà en train de payer avec l'augmentation du chômage et les coupes dans les dépenses sociales. Il est d'ailleurs certain que la pression fiscale, pour faire face aux déficits accumulés pendant cette période, se fera sentir très vite. Mais ce prix, nous pouvons aussi le faire payer au capital financier, en transformant les dettes privées en revenu social. Ce qui est en jeu c'est notre survie comme sujets capable de lutter, de créer des formes autonomes de vie. Rien n'est tranché, tout est possible. Du tournant financier à la crise de l'économie mondiale.

Les actions du langage [1]

Pour analyser le fonctionnement de la *new economy* et en étudier les caractéristiques de manière critique, il faut éviter de recourir au vieux vice de la distinction entre l'économie réelle, d'une part, et l'économie monétaire et financière de l'autre ; ou plus précisément entre les processus de production et les processus de distribution et de réalisation des profits. Il faut également raisonner à partir des coordonnées mondialisées de la *new economy*. Juste après la crise asiatique de 1997, de nombreux économistes avaient par exemple prévu une récession mondiale due à l'insuffisance de la demande – et ils se trompaient totalement. Il existait certes des raisons pour arriver à une conclusion de ce genre. Face à une surproduction des pays asiatiques et à la dévaluation de leurs monnaies, les pays occidentaux, après des années de réduction des dépenses publiques, de stagnation des salaires réels, d'accumulation des dettes privées et d'« exubérance irrationnelle » des Bourses, semblaient désormais incapables de générer la demande intérieure et les exportations nécessaires pour garantir la continuité de la croissance. Le fait que la continuité de la croissance économique mondiale, et même la reprise des investissements étrangers dans les pays de l'Asie du Sud-Est, aient été en grande partie assurées par les revenus générés par les Bourses des États-Unis et non pas, comme certains espéraient, grâce à la relance des politiques keynésiennes classiques, montre à quel point il est important d'étudier différemment la relation

---

1 Publié dans *Il Manifesto*, le 26 mai 2000.

entre la production de marchandises et la finance. À l'origine de la financiarisation de la *new economy*, il y a en effet une transformation totalement nouvelle des processus productifs qui a déplacé des quantités énormes d'épargne depuis le secteur public en direction du secteur privé.

Il faudrait tenir le même discours à propos du rapport entre les nouvelles technologies, la productivité du travail et la dynamique des prix. Là encore, on tend à dissocier les effets désinflationnistes des nouveaux modes de production et des nouvelles technologies, d'une part, et l'analyse du risque d'inflation et des mesures restrictives adoptées par les banques centrales pour stabiliser les prix, de l'autre. Malgré quelques mises à jour nécessaires des systèmes d'évaluation de la productivité, au milieu des années 1990, pour rendre compte de la diffusion des technologies informatiques, l'analyse de l'évolution des taux de productivité demeure encore aujourd'hui essentiellement sectorielle. On dit par exemple qu'une grande partie des augmentations de la productivité est à attribuer exclusivement au secteur des nouvelles technologies, ce qui a inévitablement pour effet de brouiller la perception que l'on peut avoir du changement ayant été opéré, ces dernières années, dans la nature du travail et dans les formes de sa rétribution.

On ne peut en effet oublier que la *new economy* est le corollaire d'une réorganisation des processus de production ayant commencé au début des années 1980, dans le sillage du modèle japonais (le toyotisme) et des districts industriels italiens ; une restructuration qui a placé la communication, le langage et la coopération intersubjective au centre des processus de valorisation du capital. Ce « saut de paradigme » s'est produit à la suite du tournant monétariste des États-Unis, en 1979 – parce que, pour réaffirmer la suprématie internationale du dollar grâce à des mesures déflationnistes, il fallait frapper à la racine l'organisation fordiste du travail, et en particulier la forme salariale du rapport entre capital et travail.

La restructuration postfordiste qui a rendu la communication, le langage et la coopération intersubjective directement productifs a souvent été analysée de manière réductive, comme s'il s'agissait d'une question ne concernant que les systèmes *just in time* mis en place par les entreprises dans le cadre d'un marché mondialisé hyper-compétitif. En réalité, l'entrée du langage dans la sphère productive, qui y précède d'un point de vue chronologique l'utilisation généralisée des technologies informatiques, montre que les causes d'une possible crise mondiale vont bien au-delà du conflit entre l'ancienne et la nouvelle économie, ou entre les titres industriels et les titres technologiques.

À l'origine de la possibilité de la crise de la *new economy*, il y a la contradiction entre le langage comme bien commun, comme *capacité* de travail de la force de travail, et son appropriation privée. C'est en effet la capacité linguistique de la force de travail qui a permis de flexibiliser la production de marchandises, de précariser le marché du travail, d'externaliser des secteurs entiers du travail salarié. La société flexible décrite par Richard Sennett dans son livre *The Corrosion of Character*[2], qui a miné les formes classiques de l'antagonisme en générant de multiples formes de pauvreté, n'aurait pas été

---

2 R. Sennett, *The Corrosion of Character, The Personal Consequences of Work in the New Capitalism*, New York, Norton, 1998 (Ch. Marazzi cite le livre dans sa traduction italienne : *L'uomo flessibile. Le conseguenze del nuovo capitalismo sulla vita personale*, Milan, Feltrinelli, 2001). Il n'existe pas de traduction française de l'ouvrage (NdT).

possible sans cette prédisposition de la force de travail à agir dans un monde déstructuré.

Et si, comme le dit Jeremy Rifkin dans *L'Âge de l'accès : la vérité sur la nouvelle économie* [3], l'accès temporaire aux biens et aux services – sous la forme de cessions momentanées, de locations, etc. – devient dans la *new economy* une alternative toujours plus intéressante par rapport à l'achat et la possession à long terme des marchandises, qu'il s'agisse par ailleurs de biens de consommation ou de biens instrumentaux ; si la nouvelle propriété capitaliste se traduit par un contrôle des styles de vie (la marchandise « n'est plus l'expression d'un style de vie : c'est au contraire le style de vie qui devient la représentation sociale de la marchandise »), alors la marchandisation des diversités culturelles, sexuelles, économiques ou ethniques de la force de travail se fonde sur le *présupposé* linguistique sur lequel repose cette dernière. Non pas une culture ou une autre, une langue ou une autre, mais le langage *en général*, c'est-à-dire la capacité à se transformer en un style de vie commandé par l'usage ou la consommation de telle ou telle marchandise.

Cet aspect, sur lequel, de manière très marxienne, Paolo Virno [4] insiste dans tous ses travaux, permet de comprendre

---

3   J. Rifkin, *L'Âge de l'accès : la vérité sur la nouvelle économie*, Paris, La Découverte, 2000.
4   Paolo Virno (né en 1952), est un philosophe italien dont les travaux, sous la double influence de l'opéraïsme italien d'une part, et de la pensée française contemporaine de l'autre (en particulier Gilbert Simondon), ont par exemple tenté de croiser la notion marxienne de *general intellect* avec l'idée simondonienne de *préindividuel*. Virno, qui enseigne la philosophie du langage à l'université de Rome III, développe dès lors une analyse complexe de la « capacité de langage » à la base de la créativité et de la coopération des hommes et des femmes et, partant, de leur productivité économique (NdT).

la théorie des rendements croissants mise à l'honneur par la *new economy*. Même si elle était banale et purement fortuite, une innovation ne pourrait se généraliser et se répandre sans la préexistence d'une capacité (linguistique) permettant de la métaboliser socialement. « À qui possède il sera donné » dit Brian Arthur [5], un chercheur qui travaille sur la complexité à l'Institut de Santa Fe. Et pour expliquer la théorie des rendements croissants, le premier exemple qu'il donne est celui du clavier QWERTY de toutes les machines à écrire (le nom du clavier est formé par la série des six premières lettres de la première ligne du clavier – pour les claviers italiens QZERTY [6]). « Est-ce réellement la manière la plus fonctionnelle de disposer les caractères sur le clavier d'une machine à écrire ? Très certainement pas. Un ingénieur répondant au nom de Christopher Scholes conçut en 1873 le clavier QWERTY pour ralentir les dactylographes trop rapides : sur les machines à écrire de l'époque, si le dactylographe tapait trop vite, les petits marteaux de chacune des touches tendaient à s'encastrer dans les plaquettes métalliques des caractères. La Remington Sewing Machine Co. lança une vaste production de machines dotées d'un clavier QWERTY, et c'est ainsi qu'un très grand nombre de dactylographes s'y habituèrent. D'autres sociétés commencèrent alors à en produire elles aussi, et toujours plus de dactylographes devinrent familiers de cette disposition particulière des touches, qui a fini par entrer dans l'usage commun. »

---

5 Brian Arthur (né en 1946) est un économiste américain qui a notamment beaucoup travaillé sur les *increasing returns* – les rendements croissants. Voir par exemple *Increasing Returns and Path Dependence in the Economy*, Ann Arbor, University of Michigan Press, 1994 (NdT).
6 Pour les claviers français : AZERTY (NdT).

Une entreprise produisant des biens immatériels à un coût marginal presque nul a un besoin impératif de massifier l'accès à de nouveaux produits si elle veut réaliser des profits. La théorie des rendements croissants se réfère à des compétences linguistiques *générales* (le clavier QWERTY, parce qu'il a ralenti la vitesse de frappe des dactylographes les plus qualifiés, a en réalité permis de « mettre au travail » la capacité linguistique de la population mondiale). Mais en même temps, les rendements croissants présupposent le monopole sur les innovations, la propriété intellectuelle sans laquelle la compétence linguistique générale risque de se transformer en une appropriation de masse de la richesse reproductible. En d'autres termes, le travail linguistique du dactylographe qui sommeille en chacun de nous doit se transformer en *travail salarié*. Entre le début des années 1980 et aujourd'hui, aux États-Unis, le nombre de brevets autorisés par le gouvernement a doublé. Pour la seule année 1999, le gouvernement en a accordé 161 000. Le business américain, s'il veut se défendre des concurrents internes et externes – comme par exemple dans le cas des producteurs asiatiques de semi-conducteurs –, doit devenir toujours plus agressif. C'est le Congrès américain qui a permis, grâce à la constitution d'une cour d'appel pour la demande des brevets, en 1994, d'accélérer la politique des brevets. Si, à l'époque fordiste, les brevets étaient surtout considérés comme des instruments entre les mains des monopolistes, avec la *new economy*, le brevetage devient en revanche un instrument pour assurer le contrôle du capitalisme sur le *general intellect*.

La sentence prononcée contre Bill Gates révèle la contradiction politique qui existe entre la nécessité d'assurer des profits par la fixation étatique de la propriété intellectuelle, d'une part, et celle d'assurer l'innovation en faisant en sorte que le « maillage » de la concurrence demeure malgré tout assez lâche, de l'autre. La sentence en question est, de fait, vécue par les investisseurs comme une véritable attaque contre *tout* le secteur des nouvelles technologies. L'effet est immédiat : l'indice Nasdaq commence à descendre au moment même où les symptômes d'un retour de l'inflation entraînent vers le bas tous les autres indicateurs boursiers.

La *new economy* révèle la crise de commensurabilité qui a été la clef de son succès. Avec la restructuration des processus de travail, les nouvelles technologies ont réussi ce que la politique monétariste cherchait à réaliser : la croissance sans l'inflation. À partir de ces nouvelles coordonnées du modèle postfordiste, les marchés financiers ont occupé le rôle qui revenait autrefois à l'État keynésien – celui de la création de la demande effective, indispensable pour assurer la continuité de la croissance. Le déplacement de l'épargne, de la dette publique vers les marchés boursiers, conséquence inévitable de la désintermédiation bancaire en une époque de réduction des taux d'intérêt, a donné lieu à la première cotation du *general intellect*. L'effet-richesse de l'entrée en Bourse des technologies immatérielles a cependant généré une demande de consommation qui était ingouvernable – même pour la banque centrale elle-même, qui cherche aujourd'hui à mettre en œuvre une politique anti-inflationniste – sans grande possibilité d'y parvenir. Il est en effet très improbable que l'augmentation des taux d'intérêt, même si elle est sensible, réussisse à freiner la consommation interne sans aggraver le déséquilibre que la *new economy* a produit ces dernières années à l'échelle mondiale. Et il est plus probable que l'afflux de capitaux depuis l'étranger, qui a porté à trois milliards de dollars le déficit de la balance des paiements aux États-Unis, se renverse en un reflux de capitaux hors du pays, et entraîne par conséquent une dévaluation du dollar de dimension historique.

Bien qu'elle génère de fortes inégalités sociales, la financiarisation de la société américaine est un phénomène transversal qui concerne aussi bien les employés que les ouvriers, les agriculteurs, ou ceux qui travaillent dans les services. Plus de 60 % des 80 millions d'Américains qui ont investi leurs économies en Bourse l'ont fait pour s'assurer une retraite complémentaire. C'est précisément cela qui permet d'expliquer pourquoi il n'y a pas eu de phénomène de panique parmi les petits investisseurs. De la crise asiatique à la crise russe ou au *millenium bug*, nous avons eu la confirmation réitérée de ce que la majorité des « travailleurs capitalistes », même s'ils prêtent une attention très grande à l'évolution des marchés, ne se laissaient pas influencer par les oscillations à court terme. D'autre part, les modalités d'accès à la consommation décrites par Rifkin comme étant caractéristiques de la *new economy* rendent les économies domestiques américaines moins sensibles aux augmentations des taux d'intérêt : 30 % des crédits hypothécaires ont des taux inférieurs à ceux du marché, et dans le secteur de l'automobile, on préfère maintenir le coût du *leasing* bas plutôt que réduire le volume d'activité.

En réalité, la politique anti-inflationniste de la *Federal Reserve* ne fait qu'un avec la tentative d'arracher le contrôle de la *new economy* à la nouvelle génération d'entrepreneurs qui a fait du *general intellect* sa nouvelle frontière. La coïncidence entre la possibilité de l'inflation et le risque d'une suprématie des titres technologiques n'est rien d'autre que le revers capitaliste de la force subversive du langage « mis au travail ». Il s'agit d'une contradiction qui se joue immédiatement à l'échelle du monde – tant il est vrai que, cette fois, la crise de la régulation

monétaire de l'économie mondialisée est entièrement américaine. En un certain sens, les États-Unis se sont « asiatisés ».
Bien creusé, vieille taupe [7].

---

7 La phrase possède de multiples références. C'est par ces mots
qu'Hamlet parle au fantôme de son père : « Bien dit, vieille taupe ! Tu
travailles à ton aise sous terre ? Quel bon mineur ! » (W. Shakespeare,
Hamlet, V, 5). Mais c'est également l'image qu'utilise Hegel, dans les
dernières pages de ses *Leçons sur l'histoire de la philosophie*, pour
indiquer le travail de l'esprit dans le « sous-sol » de l'histoire, et sa
capacité à secouer la « croûte terrestre » de notre présent : « Tu as bien
travaillé, vieille taupe ». C'est enfin la manière dont Marx, dans *Le 18
brumaire de Louis Bonaparte*, attribuera à la Révolution l'habileté du
mineur shakespearien : « Tu as bien creusé, vieille taupe ! » (K. Marx,
Le 18 brumaire de Louis Bonaparte, trad. fr. de Maximilien Rubel, in
Œuvres IV. Politique I, Paris, Gallimard, « Bibliothèque de la Pléiade »,
1994, p. 530). *(N.d.T.)*

Recherche et finance

Dans un récent article [1] où il présente les résultats de l'enquête Pise 2003 (*Program for International Student Assessment*), qui seront publiés d'ici la fin de l'année 2004, Donald J. Johnston, le secrétaire général de l'Organisation pour la coopération et le développement économique (OSCE), affirme que les systèmes d'éducation et de formation, de plus en plus confrontés à la compétition internationale pour ce qui concerne la création de postes, la demande de nouvelles technologies et plus largement les besoins de l'économie de la connaissance, sont voués à évoluer au moyen de chocs thérapeutiques.

> *Les systèmes d'éducation sont très complexes. Pour être efficaces, ils doivent répondre rapidement et de manière adéquate aux changements de l'environnement économique et social. Paradoxalement, les méthodes et les approches nouvelles susceptibles d'aider les dispensateurs d'éducation à adapter les programmes et à améliorer les résultats de l'apprentissage sont difficiles à repérer et plus encore à mettre en œuvre. Quelque chose comme une thérapie par électrochocs est souvent nécessaire, avant même que les réformes soient prises en considération.*

Au-delà des problèmes récurrents ces dernières années dans les instances de formation, comme la garantie d'un enseignement d'une égale qualité, le manque de professeurs, le ren-

---

1 « Education needs to adapt to a changing world », *International Herald Tribune*, 19 mars 2004.

forcement de la formation continue pour les adultes, la diversification ethnique et culturelle de la population étudiante, l'obstacle majeur consiste à trouver des formes de financement adéquates. Les pays de l'OSCE, selon Donald Johnston, « doivent développer des mécanismes de cofinancement auxquels contribuent les gouvernements, les entreprises et les individus ».

Parmi toutes les bonnes intentions pédagogico-réformatrices, le maillon le plus faible pour les pays membres de l'OSCE concerne donc le rapport entre formation, recherche et financement. Si l'on examine cette « révolution par le haut » que fut le processus de Bologne, on se rend immédiatement compte que l'orientation générale tend vers la baisse de la qualité de la formation universitaire de base (avec le remplacement de la vieille Laurea par le Bachelor, ou Laurea breve [2]) et à la promotion d'une formation spécialisée de type élitaire (avec le Master payant). Pour le plus grand nombre – en Angleterre, 80 % des étudiants quittent l'université après le Bachelor –, cela revient à un brutal nivellement par le bas de leur niveau de formation [3] ». Dans les projets de réforme du système universitaire, les programmes publics de prêts aux étudiants tels qu'ils s'exercent aux États-Unis sont donnés en exemple, « mais on

---

2 La « laurea breve » est désormais le titre qui couronne trois ans d'enseignement universitaire (au lieu de quatre précédemment). Elle peut être suivie d'une « laurea specialistica », devenue plus recemment encore « laurea magistrale », qui est obtenue au bout de cinq ans d'études.

3 « Il diritto allo studio minacciato. Verso un aumento delle tasse universitarie », *Solidarietà*, 18 mars 2004, Ticino/Svizzera. Le texte cité a été distribué sous forme de tract par un groupe d'étudiants du Mouvement pour le socialisme de l'université de Genève.

peut émettre des doutes sur leur efficacité réelle, il suffit par exemple de penser aux très nombreux jeunes qui se sont engagés dans l'armée pendant la guerre en Irak, aux seules fins de payer leurs études [4] ».

De ce point de vue, la Déclaration de Bologne figure bien un de ces chocs dont parle le secrétaire général de l'OSCE. Il s'agit ni plus ni moins de l'application aux processus de formation des principes qui règlent la production flexible postfordiste, avec la privatisation des coûts de formation (augmentation des frais d'inscription à l'université, droits d'entrée supplémentaires pour la spécialisation) et sa déréglementation liée aux exigences des secteurs industriels privés (concurrence entre les pôles de formation et de recherche universitaires). À partir de là, formation ne peut rimer qu'avec précarisation. La colonisation de l'espace éducatif par l'économie a déclenché un cycle international de luttes pour le droit aux études, dans lesquelles la flexibilité et la précarité des parcours de formation s'unit à celle des chercheurs en butte aux coupes dans les financements publics et à l'entrepreneurisation de la production de connaissance et de l'innovation. En France, plus de 2 000 directeurs de laboratoires et responsables d'équipes de recherche ont démissionné de leurs fonctions administratives pour protester contre le manque de financements, s'opposer à

––––

4 « La reconfiguration du système d'enseignement supérieur actuellement en cours ne signifie pas seulement que, pour la grande majorité des étudiants, il y aura moins de moyens pour la formation universitaire dans les prochaines années. Elle se traduira aussi par une pression toujours plus forte sur les salaires des futurs diplômés de ces universités. En effet, nos futurs employeurs n'hésiteront pas à payer moins pour un bachelor obtenu en trois ans, que pour une licence obtenue en quatre ans », *ibidem*.

la suppression de 550 postes et revendiquer qu'une nouvelle impulsion soit donnée au secteur de la recherche. Il s'agit dès lors de comprendre dans quelle mesure on peut définir, au croisement entre formation, recherche et financiarisation post-fordiste, un terrain de conflit à la hauteur des transformations du système productif à l'échelle globale.

Capitalisme cognitif et finance

La connaissance qui permet d'inventer de nouveaux processus productifs, le « progrès technique » qui permet d'augmenter la productivité du travail et de massifier la consommation de biens et de services, ne tombent pas du ciel, ils ne sont pas extérieurs au contexte dans lequel se joue la croissance économique. La connaissance innovatrice est quelque chose qui doit être produit et qui, pour cette raison précise, doit être *rémunéré*. En d'autres termes, il faut considérer le progrès technique généré par la production de connaissance comme un *coût*. C'est ce qui ressort des productions théoriques dans le champ de l'analyse microéconomique des facteurs de croissance. Les théories de la *croissance endogène* ont en effet permis de se libérer de l'idée néoclassique d'une connaissance innovatrice libre et extérieure à l'espace de l'agir humain, comme si elle avait été suggérée à Robinson par son perroquet, et de surcroît gratuitement [5].

---

5 « Les théories de la croissance endogène s'accordent avec la plu-part des théories antérieures dans l'attribution au progrès technique d'un rôle moteur dans la croissance. Elles vont toutefois plus loin que les théories précédentes sur deux points : elles intègrent le progrès

Le problème qui se pose regarde donc le rapport entre l'innovation dans les processus de production et la transformation des systèmes financiers. Le lien entre la croissance économique et le système financier passe par le financement de la production des innovations techniques. « La croissance dépend donc des conditions de formation de l'équilibre épargne-investissement, dans la mesure où celles-ci influencent l'accumulation des facteurs qui déterminent la trajectoire du progrès technique [6]. »

Si l'innovation est produite de manière endogène, par qui doit-elle être payée et comment ? Étant donné que la production de l'innovation est par nature *incertaine* [7], au sens où il est difficile d'en anticiper les rendements économiques, comment attirer l'intérêt des investisseurs potentiels ? En outre, étant donné que la connaissance innovatrice est un *bien public*, surtout dans une économie fortement cognitivo-communicative [8] dans laquelle la diffusion informelle des innovations fait obs-

————

technique comme résultant d'une activité économique rémunérée, et dont le niveau est donc endogène ; et modélisent de manière plus riche les formes de la technique et leurs évolutions… C'est la nature de bien en partie public du savoir qui en fait un moteur de la croissance… », D. Guellec et P. Ralle, *Les Nouvelles Théories de la croissance*, Paris, 1995.

6 M. Aglietta, *Macroéconomie financière. 1* : *Finance, croissance et cycles*, Paris, La Découverte, 2001, p. 9.

7 Cf. N. Moureau, D. Rivaud-Danset, *L'incertitude dans les théories économiques*, Paris, 2004.

8 Pour une définition articulée du capitalisme cognitif, qui constitue dans la suite de cet article l'arrière-fond de l'analyse du rapport entre recherche, innovation et finance, je renvoie à Carlo Vercellone (dir.), *Sommes-nous sortis du capitalisme industriel ?*, Paris, La Dispute, 2003. Voir aussi, sur la même ligne théorique : Yann Moulier Boutang (dir.), *L'età del capitalismo cognitivo. Innovazione, proprietà e cooperazione delle moltitudini*, Verone, Ombre Corte, 2002.

tacle à la possibilité d'exercer sur elles une pleine propriété mercantile[9], quels sont les mécanismes qui en permettent l'appropriation ou la *soustraction*[10] privée et/ou publique ?

La réponse que l'on apporte normalement à ces interrogations s'appuie sur des modèles d'allocation de l'épargne

---

9 Sur la différence et la contradiction entre « économie de l'information » et « économie de la connaissance », voir Robert Boyer, *La Croissance, début de siècle. De l'octet au gène*, Paris, Albin Michel, 2002, p. 174 *sq*. « La dynamique de la première (l'économie de l'information) est alimentée par des innovations technologiques qui tendent à faire baisser les coûts du traitement et de la transmission de l'information, par le biais d'équipements ou de *softwares*. La seconde (l'économie de la connaissance), en revanche, a pour finalité l'analyse et la compréhension de phénomènes naturels, physiques, chimiques, biologiques et, pourquoi pas, sociaux et économiques : il s'agit là d'innovations scientifiques, ou plus généralement conceptuelles. En termes d'idéal-type, au monde de la science ouverte s'oppose celui de la technologie fondée sur l'effort d'appropriation, au moins transitoire, d'un certain nombre de progrès des connaissances. Il n'y a pas meilleur exemple de la contradiction des impératifs qui régissent ces deux sphères que les débats actuels autour de la brevetabilité du vivant et de la possibilité pour une entreprise privée de s'approprier des bénéfices d'une découverte en biologie ».

10 Sur la contradiction *politique* entre économie de l'information et économie de la connaissance, voir L.A.S.E.R., *Scienza spa, Scienzati, tecnici e conflitti*, Rome, DeriveApprodi, 2002 : « Le développement technologique produit de nouveaux conflits dans les lieux de production et de recherche scientifique. Le facteur qui réunit ces oppositions locales est intimement lié à la question de la *soustraction du savoir*. Un premier exemple de soustraction du savoir est l'usage des technologies par ceux qui font de la recherche à des fins différentes de celles qui leur ont été prescrites par leur employeur, public ou privé. On pense en particulier à l'usage des réseaux informatiques pour la connexion entre les sujets engagés dans des batailles politiques ou sociales. La culture du *network*, du travail en réseau, peut être reconstruite dans un sens autonome et antagoniste, en impliquant dans les luttes la technologie même qui en est à l'origine », p.110 *sq*.

comme source principale de financement de la croissance économique. Dans le courant des années 1980, les marchés financiers libéralisés ont permis de détourner la masse de l'épargne sur les titres de propriété qui assuraient de hauts rendements du fait qu'ils étaient des formes de richesse *rigides*. Le marché immobilier est l'exemple le plus connu de la manière dont la réalisation de gains faciles a été fluidifiée par les transformations des produits financiers sur le modèle des modifications de la structure interne et de la composition sociale de l'épargne [11]. Les marchés financiers libéralisés ont ensuite contribué à accélérer les restructurations d'entreprises selon les principes de la *lean production* en réduisant les coûts de production à cause du coût excessif de l'argent. Plus les marchés financiers permettaient de gains faciles plus l'épargne quittait le système bancaire (désintermédiation) pour se diriger sur des actions émises en Bourse, et plus les banques ont été contraintes de maintenir des taux d'intérêt élevés pour retenir l'épargne.

D'une part, les restructurations, en diminuant les coûts dans un contexte global toujours plus compétitif, ont favorisé l'affaissement des prix, amorçant la *désinflation* ; de l'autre, l'augmentation des taux d'intérêt réels, dus à la concurrence entre les marchés financiers et le secteur bancaire, ont éliminé les uns après les autres les rentes de position ou les gains faciles (comme dans le secteur immobilier [12]), contraignant l'épargne

---

11 Autres exemples de titres qui ont « détourné » l'épargne du financement de l'innovation productive : les actions qui ont été négociées suite à des processus de fusion et concentration ; ou bien les actions, sous-évaluées de longue date, d'entreprises publiques privatisées.
12 Le retour de l'inflation du secteur immobilier qui a suivi la crise de la *new economy* à partir de 2001 et jusqu'à aujourd'hui, a permis aux États-Unis de maintenir la demande de biens et de services à un

à se diriger vers les actions. Au cours de ces années, le ralentissement conjoncturel, les restructurations d'entreprises, les contraintes sur les budgets publics et les difficultés des banques ont porté une série de coups de frein aux dépenses de Recherche et développement (R&D) des entreprises. La sortie du fordisme signifie en ce sens la fin de la centralité de la production et du financement de la R&D basée sur les financements de l'industrie de l'armement, de l'aéronautique, de l'électronique et de la chimie [13].

La désinflation a ainsi contribué à réduire considérablement les investissements portés sur les anciens titres non directement liés à la croissance économique, au grand profit des titres des secteurs économiques émergents, en particulier celui des technologies de l'information et de la communication. La naissance de la *new economy* dans le courant des années 1990 s'explique précisément par la rencontre entre la finance et les entreprises technologiques émergentes, les fameuses entreprises Internet *dotcom*.

Dans les années 1990, la révolution informatique dans les services, les possibilités offertes par Internet et la bulle spéculative bouleversent complètement la logique de l'innovation aux États-Unis.

———

niveau relativement élevé dans une phase où la demande de biens instrumentaux (de biens d'investissement *high tech* en particulier) de la part des entreprises a été négative, à cause de la sous-production numérique et de la politique des faibles taux d'intérêt menée par la Réserve fédérale.

13 Pour une lecture des principales phases historiques du rapport entre recherche universitaire, Pentagone et entreprises privées, sur la base des travaux d'Alfred Chandler, Nathan Rosenberg et David Mowery, voir B. Vecchi, "I combattenti dell'hich tech americano", *Il Manifesto*, 11 juillet 2003.

C'est une nouvelle version du rêve américain, une nouvelle frontière où l'innovation jaillit de la création de grappes d'entreprises. Deux personnes, une idée et un garage peuvent faire une nouvelle entreprise mondiale sous la baguette magique du capital-risque. Microsoft, Amazon ou Cisco nourrissent cette saga. La croyance des investisseurs institutionnels américains les conduit à apporter toujours plus d'argent dans les fonds d'innovation [14].

Les transformations des modalités de financement de l'innovation au cours de ces années, le boom du « *venture capitalism* » aux États-Unis et ses effets contagieux dans le reste du monde, s'expliquent par l'importance croissante du travail vivant cognitif, par rapport à la science incorporée dans les machines fordistes. La révolution informatique permet réellement de libérer des quantités énormes de capitaux autrefois investis à long terme dans des systèmes productifs rigides. D'autre part, la réorganisation des entreprises sur le modèle toyotiste et sur celui des districts industriels italiens place la production de l'innovation au cœur même de l'agir communicatif et relationnel de la force de travail. La science, pour ainsi dire, sort des laboratoires pour s'incorporer directement aux activités du vivant : de science incorporée dans le capital machinique fixe, elle se transforme en science interne au corps de la force de travail. C'est cette « transposition » qui permet d'utiliser la catégorie marxienne de « general intellect », renvoyant aujourd'hui au savoir accumulé non plus dans les forces productives du capital, comme Marx l'avait prévu pour le

---

14 M. Aglietta, *Macroéconomie financière*, op. cit., p. 33.

développement historique du capitalisme industriel, mais dans les corps vivants de la force de travail.

Dans l'entrepreneurialisation de l'innovation, qui est à l'origine de la prolifération des *start-up* dans la seconde moitié des années 1990 et qui a culminé dans la crise des marchés boursiers en 2000, les *start-up* représentent une véritable innovation dans le rapport entre recherche et finance, mais elles marquent aussi la contradiction entre l'économie de la connaissance et l'économie de l'information. Le *general intellect* est pour ainsi dire coté en Bourse, ce qui suppose le passage du terrain fertile des idées à celui, financiarisé, de la production de biens et de services.

Aux États-Unis, la transformation des idées en entreprises passe par les campus universitaires, elle est activée par des groupes de capitalistes (les *business angels* [15]) qui cultivent entre eux des relations de partenariat et apportent les capitaux de départ (*seed money*) aux candidats à l'entreprise ; arrivent ensuite des fonds collectifs d'investissement qui garantissent un soutien actionnarial avant même l'entrée en Bourse. L'introduction sur le marché boursier (Nasdaq) de valeurs à risque attire les fonds de pension et les fonds communs d'investissement, ce qui permet aux *venture capitalists* de sortir des entre-

---

15 Les *business angels* sont de petits groupes de capitalistes dotés de fortunes, eux-mêmes anciens entrepreneurs, et organisés en partenariat. Leur mode d'action se caractérise essentiellement par l'activation de réseaux faits de rapports personnels et informels, dans le but de mettre à jour des idées innovantes pour les valoriser et les promouvoir financièrement. Ce maillon de la chaîne de la financiarisation/entrepreneurialisation de l'innovation n'existe pas en Europe, où la logique impersonnelle comptable et financière prévaut très tôt, ce qui limite le champ de transformation du savoir et de la connaissance diffuse en entreprise.

prises qu'ils avaient lancées, en réalisant d'importantes plus-values. Ces « rentes d'innovation » compensent d'une part les pertes subies dans les entreprises qui font faillite, et sont utilisées de l'autre pour lancer de nouvelles entreprises.

Le passage de la logique des *business angels,* dans laquelle les relations personnelles sont importantes, avec des « temps de germination » de douze ou dix-huit mois, à la logique des entreprises financières (souvent des filiales des banques d'investissement, dites « incubateurs d'entreprises »), qui fonctionnent sur la base de critères comptables, juridiques et de marketing, et sur des temps courts, est *tout à la fois* le ferment du succès des *start-up* et la cause de leur crise. La financiarisation permet la mise en forme entrepreneuriale du travail immatériel vivant, mais cette métamorphose *présuppose* la production de plus-values financières (primes de risque) sans lesquelles le processus dans son ensemble ne pourrait pas même commencer. La prime de risque qui marque l'introduction en Bourse des *start-up*, ainsi que l'« écart d'acquisition » ou plus-value (*goodwill*, en anglais [16]), qui résulte de la différence entre la

---

16 Le *goodwill* est en fait le *coût d'acquisition* d'une entreprise, c'est-à-dire l'ensemble de ses *actifs intangibles* (personnel qualifié, qualité du management, localisation favorable, expérience organisationnelle, rapports avec la clientèle, capacité de crédit, etc.). L'estimation de ce coût s'effectue à l'occasion de moments extraordinaires de la vie d'une entreprise, en particulier la cession, l'attribution et la fusion avec d'autres entreprises. Le *goodwill* correspond à la différence entre la valeur économique attribuée à l'entreprise, qui tient compte des perspectives de rendement, et son patrimoine net comptable. Cette donnée, inscrite au bilan comme « fonds propres », peut représenter 70 à 100 % des capitaux propres des grandes entreprises cotées en Bourse, ce qui montre l'importance désormais décisive du capital immatériel par rapport au capital physico-tangible immobilisé. Plus le *goodwill* est élevé, plus la capacité d'endettement (définie par le rap-

valeur du marché et la valeur comptable des sociétés absorbées dans les opérations de fusion, sont le prix de la *soustraction du savoir*, ou symétriquement de l'*excédent* du *general intellect*, qui est la contradiction spécifique du nouveau capitalisme cognitif. Dans les deux cas, il s'agit de la mise au bilan d'un actif intangible qui représente la transformation du savoir et de la connaissance en marchandise, une valeur *nécessaire* pour attirer des capitaux dans une phase où l'organisation locale et globale des marchés financiers oriente les choix des investisseurs en fonction de logiques de rendement compétitives.

Les marchés financiers sont indéniablement autoréférentiels, au sens où les valeurs boursières tendent à « se décoller » des valeurs économiques des entreprises cotées, en vertu du comportement imitatif [17] (implicite dans le fonctionnement des

---

port entre dettes et fonds propres) de l'entreprise qui résulte de l'opération de fusion est grande. La réduction de cet « écart d'acquisition », qui a été très importante lors de la crise de la *new economy*, implique donc l'amoindrissement de la capacité d'endettement des entreprises. Pour restaurer la capacité d'endettement, on met en œuvre des processus de rationalisation des coûts de gestion, et surtout de réduction ou d'externalisation du travail.

17 Le comportement imitatif qui caractérise les choix et les décisions des investisseurs naît de la recherche de la plus grande *liquidité* des titres, c'est-à-dire de leur caractère négociable. « Il s'agit de transformer – écrit Orléan – ce qui n'est qu'un pari personnel sur les dividendes futurs en une richesse immédiate *hic et nunc*. Pour ce faire, il faut transformer les évaluations individuelles et subjectives en un prix, accepté par tous. Autrement dit, la liquidité impose que soit produite une évaluation de référence qui indique à tous les financiers le prix auquel un titre peut être échangé. La structure sociale qui permet l'obtention d'un tel résultat est le marché : *le marché financier organise la confrontation entre les opinions personnelles des investisseurs de façon à produire un jugement collectif qui ait le statut d'une évaluation de référence.* Le cours qui émerge de cette façon

conventions keynésiennes) qui caractérise la communauté des investisseurs. Mais ce serait une erreur de ne pas voir dans cette dynamique autoréférentielle qui débouche cycliquement sur l'explosion des bulles spéculatives la contradiction inhérente à la transformation en marchandise du travail immatériel.

Le travail cognitif innovateur est par définition *open source*[18], coopératif, relationnel, communicatif et toujours plus global. Pour être dirigé et transformé en marchandise, c'est-à-dire pour être organisé en activité entrepreneuriale, il doit être avant toute chose hiérarchisé et financiarisé, ce qui implique l'appauvrissement et la soustraction du savoir diffus, et sa régulation selon les principes du *business plan*. Mais cette opération n'est pas indolore, elle a un prix/coût : lors du lancement des *start-up*, elle génère des surévaluations « folles » qui déstabilisent le cours normal des marchés en augmentant

------

a donc la nature d'un consensus qui cristallise l'accord de la communauté financière. Annoncé publiquement, il a valeur de norme : c'est le prix auquel le marché accepte de vendre et d'acheter le titre considéré, au moment considéré. C'est ainsi que le titre est rendu liquide. Le marché financier, parce qu'il institue l'opinion collective comme norme de référence, produit une évaluation du titre reconnue unanimement par la communauté financière. » (*Le Pouvoir de la finance*, Paris, Odile Jacob, 1999). Les *conventions* permettent précisément d'homogénéiser la multiplicité des choix individuels en vertu d'une rationalité supra-individuelle (ou construction cognitive) qui oriente « idéologiquement » les marchés. Pour la convention Internet de la seconde moitié des années 1990, voir Luca De Biase, *Edeologia, Critica del fondamentalismo digitale*, Rome, Laterza, 2003.
18 Sur les contradictions internes à la logique même du capitalisme dans les secteurs de l'informatique, et en particulier sur le problème des droits de propriété intellectuelle face aux systèmes d'exploitation ouverts, cf. *Business Week*, « The Linux Uprising. How a global band of software geeks is threatening Sun and Microsoft – and turning the computer world upside down », 3 mars 2003.

leur volatilité et leur instabilité ; dans le cas des acquisitions et fusions d'entreprises (avec les offres publiques d'achat, les OPA) elle implique en revanche la rationalisation et la flexibilisation du travail comme contrepartie de la « mise au bilan » des actifs intangibles acquis.

Ce qui réunit la lutte des chercheurs et celle des travailleurs flexibles et intermittents, c'est précisément la contradiction des processus d'immatérialisation du travail : l'âme et le corps du travail immatériel trouvent leur expression concrète sur le terrain de la financiarisation du capitalisme cognitif. Les luttes des précaires et celles des chercheurs reflètent la même contradiction d'un capitalisme qui, pour fonctionner, soustrait le savoir en produisant des excédents cognitifs et subjectifs, les « libère » en les excluant des processus de redistribution de la richesse sociale.

Capitalisation et socialisation [19]

Avant d'examiner la phase qui suit la crise-transformation de la *new economy*, commencée en mars 2000 et encore en cours, avant donc d'analyser la reconfiguration du rapport entre finance et production de connaissance-innovation, il convient

---

19 Je reprends dans les lignes qui suivent un certain nombre de considérations de Philippe Zarifian dans le commentaire qu'il fait de mon livre *Et vogue l'argent* [1998], Paris, L'Aube, 2003. Le texte de P. Zarifian, « Productivité, événement et communication dans le post-fordisme » [paru dans *Multitudes* 18, Automne 2004], a été présenté à la Maison des Sciences Économiques de la Sorbonne à l'occasion de la sortie de mon livre dans la traduction française d'Anne Querrien et François Rosso.

de faire quelques observations au sujet du capital financier comme *expression* du capitalisme cognitif postfordiste.

En premier lieu, on ne doit pas voir (comme le ferait un regard fordiste) la financiarisation des processus économiques décrite précédemment comme une perversion, un pur phénomène spéculatif, moralement condamnable, ou un simple prolongement des formes classiques du capital financier (à la Hilferding), mais comme une véritable innovation *interne* au fonctionnement du capitalisme et qui, à sa façon, exprime les caractéristiques de la nouvelle ère postfordiste : *fluidité et incertitude*. Les marchés financiers sont tout à la fois le contraire et l'équivalent des nouvelles conditions de la productivité du travail et de la production d'innovation.

En second lieu, ce qui caractérise le nouveau capital financier, c'est la *fusion de l'ensemble des fonctions de la monnaie* [20]. Cette fusion modifie le rôle et l'importance du système bancaire, mais surtout elle autorise la mise en relation directe de toutes les formes et de tous les usages de l'argent. Toute somme d'argent peut se métamorphoser en investissement sur

---

20 Voir à ce propos A. Orléan, *Le Pouvoir de la finance, op. cit.* « Certes – écrit Orléans à propos de l'usage des actions dans les processus de fusion et d'acquisition entre entreprises –, les actions ne sont pas des monnaies. Leur liquidité n'est que partielle au sens où elles ne sont pas acceptées comme instrument universel d'échange. Cependant, leur espace de circulation est déjà étonnamment vaste, non seulement en tant que moyen de réserve, mais également en tant que moyen d'échange pour certaines transactions. On le voit lorsqu'une entreprise en achète une autre à l'aide de ses propres actions, ou mieux encore lorsqu'un dirigeant accepte d'être rémunéré avec des *stock options*. Pour cette raison, on peut alors analyser les actions comme constituant une forme embryonnaire de monnaie même si elles ne permettent pas encore d'acheter des biens de consommation. » (p. 242)

actions et titres obligataires. Cette situation déplace la frontière entre salaire et profit, et par conséquent la délimitation simple et mécanique entre les classes sociales qui s'opposent directement sur la répartition de la richesse créée. La participation directe des salariés à l'investissement sur les marchés des actions et des obligations n'est plus un phénomène marginal : elle est au contraire constitutive de la nouvelle condition salariale. La distinction traditionnelle entre salaire direct et salaire socialisé est en voie d'extinction. La généralisation dans tous les pays des systèmes de retraite par capitalisation (second pilier, ou retraite complémentaire) en est un indicateur. Le salaire socialisé (ou différé) circule désormais mondialement par l'intermédiaire des fonds d'investissement et des fonds de pension. Le concept même de « salaire socialisé » devient inadéquat. Le nœud du débat sur l'avenir des systèmes de prévoyance ne regarde pas l'opposition entre un système solidaire par répartition et un système individuel par capitalisation, mais l'opposition entre un salaire socialisé géré nationalement et une fraction du mouvement du capital investi mondialement.

Lorsqu'on examine le comportement réel – et non pas affabulé – des fonds de pension ou d'investissement, on voit que sont mis en jeu des calculs d'anticipations, dans lesquels l'évaluation de la stratégie « productive » et compétitive des grandes entreprises et de la qualité décisionnelle du haut management est tout à fait présente. Il n'y a pas dissociation, mais plutôt expression, traduction et réduction des perspectives de rentabilité de la stratégie d'entreprise en investissement de placement financier. C'est cette traduction/réduction qui explique les pressions temporelles sur le court terme et les niveaux attendus de rentabilité élevés, et qui se joue dans le dialogue serré que les dirigeants des fonds entretiennent avec le haut management des entreprises globalisées. Il se manifeste une distinction, mais non pas une dissociation. Le capital de placement introduit, dans les stratégies productives, un idéal de fluidité et d'anticipations risquées qui fait pression sur l'investissement productif, mais ne s'en sépare pas [21].

C'est justement parce qu'il existe dans le même temps une différence et une association entre les gestionnaires des fonds de pension et d'investissement et les dirigeants des grandes entreprises productives, avec une nette domination des premiers sur les seconds, que l'on peut parler de la formation d'une nouvelle catégorie de capitalistes, constituée par cette association. Et donc, d'une nouvelle définition du capital financier, notoirement différente de celle qui a été proposée par Hilferding et reprise par Lénine. Le capitalisme cognitif et financier doit être compris *dans sa globalité* et non en isolant l'une ou l'autre de ses formes.

Après la crise de la *new economy*

L'explosion de la bulle spéculative en mars 2000 constitue la première crise financière du capitalisme cognitif. C'est, en premier lieu, une crise *financière* qui vise à dérouter les trajectoi-

---

21 Par ailleurs, les fonds de pension se sont dotés d'une infrastructure d'analyse experte qui évalue en permanence la validité stratégique, en termes de rendement attendu et d'effet sur le cours des titres, du management des entreprises dont elles détiennent une part importante du capital.

res « du bas vers le haut » de l'entrepreneurialisation du *general intellect*, son « introduction en Bourse » avec les *start-up*. De ce point de vue, c'est la *dimension locale* du capitalisme cognitif qui est attaquée par la crise boursière, en particulier la concentration dans la Silicon Valley de la majorité des nouvelles entreprises *high-tech*, dont la prolifération a contribué à la crise de « surproduction numérique » et à la disparition consécutive de beaucoup d'entreprises Internet.

Mais la crise de 2000 est aussi la crise de la spatialisation mondiale spécifique à la *new economy*. La « convention Internet », qui « tire » les marchés entre 1998 et début 2000, n'est que l'expression d'un processus plus vaste et structurel de « cognitarisation » du travail, du déplacement des leviers de l'innovation des « corps séparés » de la R&D de fordienne mémoire, aux corps vivants de la force de travail. Les capitaux qui confluent du monde entier sur les actions et les titres obligataires des entreprises cotées sur les marchés boursiers aux États-Unis, *poursuivent* littéralement les flux des chercheurs américains, européens et asiatiques qui, dans les années 1990, arrivent à la Silicon Valley comme les jeunes acteurs autrefois allaient à Hollywood.

L'afflux des capitaux et de la force de travail cognitive dans et vers les États-Unis, l'américanisation en un certain sens du *general intellect*, est à l'origine de la croissance spectaculaire du secteur des technologies de l'information et de la communication et des « effets richesse » générés par les rentes financières. La croissance du PIB est due en particulier à la croissance du secteur des nouvelles technologies, tandis que la demande de biens et de services est déterminée par l'augmentation de l'offre. Les années Clinton de la *new economy* sont marquées par une expansion keynésienne d'un type nouveau, au sens où, tandis que les revenus sociaux distribués par le *welfare state* diminuent, les rentrées fiscales issues des taxes sur les *capital gains* augmentent, permettant ainsi au budget fédéral de réaliser des excédents. On peut dès lors parler de « keynésianisme financier », de régulation macro-économique basée sur le *deficit spending* privé des entreprises et des familles.

Aux États-Unis, la crise marque le passage de la croissance du côté de l'offre à la croissance du côté de la demande. Entre fin 2000 et 2003, la politique monétaire de la Réserve fédérale se consacre entièrement à soutenir la demande des économies domestiques en facilitant l'endettement. Avec des taux d'intérêt pratiqués par la Fed autour de 1 %, c'est-à-dire négatifs en termes réels, on assure le maintien de la consommation à des niveaux élevés grâce à l'élimination de l'épargne et à l'endettement hypothécaire (*remortaging*) des familles favorisé par l'inflation des valeurs immobilières. À la différence de la Grande Dépression des années qui ont suivi la crise de 1929, qui avait été marquée par la déflation de la demande de consommation de biens et de services, les années qui suivent la crise de la *new economy* se caractérisent par la déflation de la demande de biens instrumentaux, en particulier dans le secteur des technologies de l'information et de la communication [22].

---

22 La sortie progressive de la récession, qui n'a officiellement duré qu'un trimestre en 2001, a finalement été rendue possible par la demande de consommation des familles américaines et le désendettement progressif des entreprises vis-à-vis du secteur bancaire, conséquence directe de l'effondrement des plus-values financières (les *goodwill*) héritées des années d'expansion de la *new economy*. L'assainissement financier des entreprises est le fruit de la réduction des dépenses d'investissement, sur la masse salariale et sur les provisions accumulées.

La sortie de la crise de la *new economy* redessine spatialement la reprise du capitalisme cognitif à l'échelle mondiale. De nouveau, les capitaux suivent les mouvements du cognitariat, mais cette fois-ci des États-Unis vers les pays asiatiques, avec des processus d'*outsourcing* et d'*offshoring* dans des pays où le coût du travail vivant est dix fois inférieur à celui des pays développés. La crise de la financiarisation du travail cognitif et innovateur des années 1990, l'impossibilité de reproduire le cercle vertueux des *start-up* et des « Fusions et Acquisitions » sur la base de l'afflux continu de capitaux aux États-Unis, et la nécessité, malgré cela, de relancer l'accumulation capitaliste sur la base du travail immatériel innovateur, contraignent le capital à compenser la perte des plus-values (des primes de risque et des *goodwill*) par la réduction drastique du salaire des travailleurs cognitifs [23].

La crise de 2000 est, de ce point de vue, une véritable attaque contre la puissance matérielle du *general intellect*, contre sa force contractuelle [24] qui, dans les années de boom de la

---

23 Voir à ce propos l'importante analyse de *Business Week* sur la nécessité de dépasser la recherche « in-house », en allant chercher les idées innovantes partout où elles sont produites, en externalisant la propriété intellectuelle comme forme de rémunération des entreprises pourvoyeuses de recherche, en tissant des liens avec des laboratoires universitaires, en courtisant les *venture capitalists* et en se pliant aux normes disciplinaires qu'ils ont instituées, en encourageant les *spin-off* qui misent sur de nouvelles idées et prennent des risques (« Reinventing Corporate R&D », *Business Week*, 22 septembre 2003).

24 Dans la *knowledge economy*, dans le capitalisme cognitif, le problème central pour le capital est de « mettre au travail » la connaissance, le savoir détenu par la force de travail. La généralisation de l'attribution de *stock options* aux travailleurs de la connaissance pendant les années du boom de la *new economy* montre bien que la captation de la connaissance est devenue une question centrale.

Peter Dunker, dans *Il management della società prossima ventura* (Milan, Etas, 2002), souligne justement que « les entreprises qui ont majoritairement pris cette direction ont aussi connu le *turn over* le plus élevé. J'ai rencontré une quantité incroyable d'ex-salariés de Microsoft [...]. Les ex-salariés de Microsoft détestent l'entreprise, parce qu'ils se rendent compte qu'elle ne leur a jamais offert que de l'argent... En outre ils se rendent compte que le système de valeurs de l'entreprise repose uniquement sur la finance, tandis qu'eux se considèrent comme des professionnels, avec un système de valeurs différent ». Dans le capitalisme, donc, non seulement il est nécessaire de financiariser l'entreprise (avec l'augmentation de la valeur des *stock options* cotées en bourse) pour capter et surtout pour *retenir* le savoir de la force de travail, mais cette force de travail *résiste*, elle est capable de se soustraire à son entière subsomption sous le capital, lorsque la production de connaissance se transforme brutalement en pure et simple gestion financière des informations, c'est-à-dire lorsque les impératifs financiers (augmentation du cours des titres) prennent le dessus sur la qualité de vie (ou « système de valeurs ») de la force de travail cognitive, des *knowledge workers*. À ce sujet, cela vaut la peine de citer un paragraphe entier du livre de De Biase (*Edologia, op. cit.*) : « Et quand un jour, Marc Andreesen (le fondateur de Netscape, avec Jim Clark) s'aperçoit qu'il est devenu richissime, il ne se laisse pas aller à d'excessives manifestations de joie, et il affirme aux journalistes qu'il s'agit de « *funny money* », d'argent fou. Pendant ce temps, ses jeunes programmateurs ne semblent pas davantage fascinés par l'argent. Ce qui les passionne c'est de savoir combien de copies de leur *software* ont été téléchargées. Ce qui les amuse c'est de savoir quelle est la version qui a le plus de succès. Et dans tous les cas, ils travaillent obstinément, sans horaires réguliers, dans une course contre le temps que la toile a considérablement accélérée. Même s'il admet qu'il est content de ne plus avoir de soucis financiers, l'un d'entre eux, Lou Montulli, déclare : "Prenez un travailleur chinois. Moi, je gagne probablement un million de fois plus d'argent que lui. Mais il est difficile de faire une estimation rationnelle de la vraie valeur. Bien sûr, j'ai travaillé dur. Mais est-ce que j'ai travaillé si dur que cela justifie une différence telle que celle qui me sépare d'un travailleur chinois ?" Face aux mystères de la finance, Montulli est à la recherche d'un critère qui puisse l'aider à évaluer la situation. Il ne le trouve pas. Et cela ne lui plaît pas. » (p. 69–70) *new economy*, a fait dévier la richesse des actionnaires vers les *knowledge workers* [25]. La Chine et l'Inde sont d'extraordinaires bassins de force de travail à bas coût, prête à rentrer dans les circuits mondialisés de la production de technologies de l'information et de la communication, de biens et de services immatériels. Elles représentent aussi l'occasion de déterritorialiser le *general intellect*, en le précarisant au sein même des économies développées et en le reterritorialisant dans les pays d'industrialisation récente [26].

------

25 L'économiste et éditorialiste du *Financial Times*, John Plender, dans son *Going Off The Rails – Global Capital and the Crisis Of Legitimacy* (Londres, John Wiley, 2003) soutient avec raison que dans le capitalisme cognitif l'abondance des capitaux à la recherche de hauts rendements s'oppose à la rareté du savoir stratégique pour les entreprises. Par « rareté » il faut entendre *le coût des knowledge workers* recrutés par les entreprises, en particulier par celles qui produisent des biens à fort contenu technologique ; un coût qui, dans les années 1990, a amené ce secteur moteur à destiner en moyenne 73 % de ses profits bruts à ses salariés (alors que les 325 plus grandes entreprises cotées en Bourse plafonnent à 20 % en moyenne). La tension entre l'abondance des capitaux, causée par la dépréciation du capital fixe, et le coût de la connaissance vivante mise au travail démontre, pour Plender, l'inadéquation historique du système des actions (du *shareholder's value*) dans le financement du capitalisme cognitif. L'avantage compétitif du capital humain est tout au *désavantage* des actionnaires qui, parce qu'ils se retrouvent en position de faiblesse par rapport aux entreprises où le travail vivant cognitif est central, font très fortement pression pour augmenter le rendement de leurs titres (dans les années 1990, un rendement de 15 % était la norme), contribuant ainsi à alimenter la spirale autoréférentielle des marchés financiers jusqu'à explosion de la bulle spéculative.

26 À propos de la controverse sur les effets positifs et négatifs de l'*outsourcing* et de l'*offshoring* des entreprises étatsuniennes, voir le *Special Report* de *Business Week*, "*Software. Will outsourcing hurt America's supremacy ?*", 1er mars, 2004. Voir aussi l'étude de *The Economist*, « The new jobs migration », 21–24 février 2004.

La recomposition globale du cognitariat

La reconfiguration mondiale du capitalisme cognitif, l'inversion des flux d'investissements directs à l'étranger, la précarisation des travailleurs cognitifs dans les pays développés et la multiplication de nouvelles Silicon Valley dans les pays économiquement émergents, obligent à redéfinir l'espace de recomposition politique du cognitariat. Il s'agit, à partir de maintenant, d'abandonner l'idée d'une guerre commerciale entre les pays du Centre et les pays émergents, et le protectionnisme national qui lui est inhérent.

L'inversion du flux des investissements à l'étranger, qui s'est établie sur les marchés financiers dans les trois dernières années, est le reflet de la formidable croissance des déficits (fédéral et commercial) des États-Unis et des excédents des pays asiatiques – l'excédent chinois, si l'on tient compte du flux des investissements directs étrangers, dépassera cette année les 5 % du PIB. Elle reflète aussi l'accumulation des réserves monétaires par les pays asiatiques, qui sont utilisées par les banques centrales pour freiner la dévaluation du dollar en achetant des bons du Trésor américain (ce qui, en maintenant de faibles rendements sur les BOT, permet aux marchés financiers américains de se protéger de l'affaiblissement du dollar). Jusqu'à aujourd'hui cette inversion des flux de capitaux n'a pas provoqué de bouleversements particuliers, parce que la dévaluation du dollar a accru (bien que de manière insuffisante) les exportations des biens américains et, surtout, parce qu'elle a eu cet effet monétaire d'augmenter les profits rapatriés des filiales étrangères des multinationales étatsuniennes.

Pour instable qu'il soit, l'équilibre qui s'est établi sur les circuits monétaires et financiers mondiaux ne devrait pas dégénérer en guerre commerciale entre les États-Unis, la Chine et les autres pays asiatiques, comme le Japon, qui ont d'importants excédents commerciaux. Les Américains ont besoin de vendre des BOT aux Asiatiques, et les Asiatiques, même s'ils exportent de plus en plus, ont besoin d'importer des matières premières et des biens instrumentaux depuis les États-Unis et les autres pays occidentaux afin de maintenir des taux de croissance élevés. Par ailleurs, un nombre croissant de biens produits en Asie et exportés vers les États-Unis sont en réalité le résultat de processus d'*offshoring* de la part de multinationales états-uniennes dans des pays comme la Chine et, de plus en plus, l'Inde. En ce sens on peut dire que les États-Unis commercent principalement avec eux-mêmes.

> *Lorsque Wal-Mart Stores Inc. importe la majorité de ses produits, ou lorsque Intel Corp. produit une grande partie de ses microprocesseurs offshore, cela est fantastique pour le chiffre d'affaires de la compagnie. Mais cela contribue à créer un déséquilibre commercial qui est devenue structurel. Les États-Unis, comme sponsor de la libéralisation du commerce, promeuvent même des accords comme le NAFTA, qui favorisent les exportations de leurs partenaires commerciaux davantage que leurs propres exportations* [27].

C'est précisément le caractère *structurel* du déficit commercial américain qui, s'il reflète la globalisation des processus de production, réduit aussi considérablement l'effet de la dévaluation du dollar sur les déséquilibres fondamentaux. On ne

---

27 Robert Kuttner, « What's Really Feeling The Trade Deficit Beast », *Business Week*, 29 décembre 2003, p. 15.

peut pas soutenir, comme le fait l'économie standard, que le déficit commercial est principalement le reflet des fluctuations du déficit public et des taux de change. L'idée selon laquelle « plus le gouvernement s'endette et plus les capitaux doivent être importés » est contredite par les faits : pendant les années 1990, le déficit commercial des États-Unis n'a jamais cessé de croître *malgré* l'apurement progressif du déficit fédéral et *malgré* la récession de 1991. L'accord conclu à Boca Raton le 7 février 2004, en vertu duquel les pays du G7 s'appliquent à réduire la pression sur l'euro et à favoriser une plus grande variabilité des taux de change des monnaies asiatiques, non seulement n'aura que très peu d'effets réels sur les rapports de change, mais il n'aura pas la moindre influence sur les équilibres fondamentaux qui se sont constitués dans les années de l'après-crise [28].

_____

28 Le débat sur les risques de dévaluation de la monnaie américaine doit donc être compris pour ce qu'il est réellement. L'accélération des processus de mondialisation du capital et le déplacement vers l'Asie de la division internationale du travail ont mis au jour une contradiction fondamentale entre le circuit monétaire centré sur le dollar et la nature toujours plus polycentrique de l'économie mondiale. Une dévaluation, si graduelle soit-elle, du dollar n'a pas la moindre chance de réduire de manière conséquente le déséquilibre structurel des États-Unis, mais elle oblige les banques centrales des pays asiatiques à acquérir des BOT américains pour protéger leurs monnaies, ce qui est essentiel pour maintenir des taux de croissance élevés. C'est ainsi que les États-Unis peuvent continuer à accroître leur dépenses militaires pour poursuivre la redéfinition géopolitique et militaire du commandement impérial. Mais ils doivent néanmoins éviter que leur monnaie ne se dévalue trop rapidement, parce que cela provoquerait une fuite des capitaux des marchés des actions et, plus grave encore, des bons du Trésor. Il en irait alors de l'équilibre socio-économique interne des États-Unis, avec des niveaux d'endettement privé qui ne seraient plus soutenables si les taux d'intérêt devaient augmenter. La

Après la reprise des marchés boursiers en 2003, qui a fait suite à l'assainissement financier des entreprises, une nouvelle vague d'OPA et de *fusions et acquisitions* a débuté dans les premiers mois de 2004, non seulement en Asie, où le nombre d'OPA et de *start-up* est en forte augmentation [29], mais aussi en Europe et aux États-Unis, bien qu'avec une moindre intensité [30]. Par rapport aux années 1990 et au début des années 2000, où les investissements étaient principalement orientés vers la capitalisation rapide des innovations produites par les entreprises émergentes, dans la phase actuelle, c'est la rationalisation des entreprises, la flexibilisation et l'externalisation de la force de travail, la réduction des salaires et l'augmentation de la productivité, qui définissent les critères de relance des investissements. En d'autres termes, aujourd'hui la philosophie managériale est « *impatient for profit but patient for growth* [31] ».

Nous sommes entrés dans une phase où la dimension globale du capitalisme cognitif, avec l'inclusion d'aires de développement telles que l'Asie et l'Amérique latine, est marquée par des politiques de régulation « vers le bas » de la valeur de la force de travail. Cette nouvelle phase se distingue, surtout dans

———
situation actuelle de l'économie étatsunienne est comparable à celle des pays émergents dans les années 1990, à cette différence que les Américains compensent leur faiblesse structurelle par la politique de la guerre infinie.

29 Cf. F. Guerra, « Asian companies raise a recod amount of funds », *Financial Times*, 22 mars 2004.

30 Cf. le *Special Report* de *The Economist*, « Mergers and Acquisitions », 21–24 février 2004.

31 Cf. C. M. Christensen, M. E. Raynor, *The Innovator's Solution: Creating and Sustaining Successful Growth*, Harvard Business School Press, 2003.

les pays du Centre, par le fait que la production de connaissance et l'innovation passent par la précarisation. Les écoles,
les centres de recherche, les entreprises flexibles, le marché du
travail, sont autant de lieux où l'attaque contre la valeur de la
force de travail a pour objectif premier d'éliminer les marges
de recomposition politique du prolétariat cognitif, du cognitariat. Dans le cours de la croissance du capitalisme industriel,
la lutte de classe dans les pays du Centre, la lutte politique
sur le salaire, et la négociation collective entre les salariés et
le capital, ont subverti les règles de calcul du taux de profit [32].
Au temps du fordisme on disait qu'« un ouvrier du Michigan
pouvait acheter avec une heure de son travail le produit d'une
journée entière d'un ouvrier du Sud ». Les capitaux se diri-

---

32 Dans les années 1970, Emmanuel Arrighi, dans son « scandaleux » *Lo scambio ineguale*, démontrait que dans la mesure où les
taux de profit dans les pays du Sud *ne sont pas* supérieurs (comme
beaucoup d'autres économistes l'ont effectivement démontré par la
suite) aux taux de profit dans les pays du Nord, et dans la mesure
où les salaires des pauvres sont en revanche beaucoup moins élevés
que les salaires des riches, il en résulte nécessairement (au moins
du point de vue comptable) que la plus-value réalisée dans les pays
pauvres est absorbée par les pays riches, à travers la vente par les
pays du Sud de produits à bas prix. Qui profite de l'exploitation des
pauvres ? La réponse « scandaleuse » d'Emmanuel Arrighi était sans
équivoque : les ouvriers du Nord. C'est Luciano Ferrari Bravo qui a
réussi à démonter *politiquement* le raisonnement d'Arrighi tout en
reconnaissant la justesse de l'analyse. Les luttes des ouvriers fordistes
« en voie de globalisation », les luttes d'une classe ouvrière multina-
tionale qui était le fruit des mouvements migratoires de ces années-là,
avaient permis à Ferrari Bravo d'anticiper l'issue des contradictions
marxiennes mises au jour par Arrighi, c'est-à-dire la fin du fordisme
et le début d'une ère nouvelle, celle du capitalisme global. Pour une
reprise récente du raisonnement d'Arrighi voir D. Cohen, *La Mondialisation et ses ennemis*, Paris, Grasset, 2004.

geaient du Sud vers le Nord parce que les salaires dans les pays du Centre étaient supérieurs à ceux des pays de la périphérie. Les luttes de l'ouvrier multinational ont toutefois disqualifié l'idée selon laquelle « c'est la classe ouvrière des pays riches qui exploite la classe ouvrière des pays pauvres ». Certes, la différence entre le Nord et le Sud ne s'est pas atténuée, elle s'est au contraire amplifiée, et le cycle de lutte de l'ouvrier fordiste a fait sauter le modèle fordiste, en contraignant le capital à se développer à l'échelle globale, en mettant au travail les qualités les plus générales de la force de travail, ses facultés cognitives, relationnelles et communicatives.

L'inversion récente des flux de capitaux du Centre vers les pays d'industrialisation ne permettra certainement pas à un ouvrier indien ou chinois d'acheter avec une heure de son travail le produit d'une journée de travail de son homologue américain ou européen. Mais les travailleuses des supermarchés Wal-Mart ou les producteurs de *software* du Nord travaillent incontestablement davantage pour un salaire plus bas. Ce qui signifie que la lutte contre la précarité et pour l'augmentation du revenu a désormais une dimension globale, qui réunit les destins de la multitude.

La dyslexie du manager [1]

En mai 2002, la revue économique et financière *Fortune,* que l'on connaît pour son classement annuel des 500 plus grandes entreprises mondiales, publie un article sur la dyslexie, une forme de « trouble linguistique » qui affecte depuis quelques années un nombre croissant d'entrepreneurs. On estime que 20 % de la population américaine serait touchée par la dyslexie à des degrés divers, avec une surreprésentation particulière des dyslexiques parmi les managers. Quelques mois à peine après l'explosion de la première grande crise de l'économie de la connaissance, cette « anomalie entrepreneuriale » s'avère un objet d'étude plus stimulant que la délinquance habituelle des managers d'Enron, de WorldCom et de toutes les entreprises qui dans les années 1990 on fait un usage systématique de l'escroquerie et du mensonge pour s'assurer le succès. Face à la crise de légitimité du manager corrompu par la finance aux dépens de l'innovation, le capitalisme émergent a besoin d'un choc anthropologique pour définir le profil du nouvel entrepreneur schumpeterien [2].

---

1   Ce texte est paru dans Federico Chicci, Jean-Louis Laville, Michele La Rosa, Christian Marazzi, *Reinventare il lavoro*, Rome, Sapere 2000, 2005.

2   On donne ici pour acquise la distinction entre entrepreneur et manager telle qu'elle a été établie au milieu du siècle dernier avec le développement de la société par actions et l'administrativisation des grandes entreprises décrite par Berle et Means (1932), c'est-à-dire avec la naissance du capitalisme managérial et la disparition progressive de la figure de l'entrepreneur classique (cf. Marris, 1971). Cette distinction, par-delà le développement de l'actionnariat et la séparation entre propriété et gestion, a à voir avec la nature de l'in-

Les trajectoires biographiques des *dyslexic achievers*, les dyslexiques à succès interviewés dans *Fortune*, révèlent que ce Trouble spécifique de l'apprentissage (TSA) est en réalité une *vertu*, un talent que l'institution scolaire, et notamment le système du langage dominant, ne sont pas en mesure de comprendre ou de valoriser. Les récits des managers dyslexiques nous permettent d'affirmer au contraire qu'ils ne doivent pas leurs succès professionnels à des processus plus ou moins aboutis de normalisation thérapeutique (au sens où ils auraient réussi *malgré* leur TSA), mais au fait qu'ils ont pu exploiter leur « don » *grâce* à la nature particulière de la nouvelle économie et à son mode de fonctionnement. Ce qui, à la génération précédente, était encore considéré comme un retard linguistique,

――――

novation, comme le soulignait déjà Joseph Schumpeter dans son ouvrage de 1942 : « Or, cette fonction sociale [la fonction d'innovation de l'entrepreneur] est dès à présent en voie de perdre son importance et elle est destinée à en perdre de plus en plus et à une vitesse accélérée dans l'avenir [...]. En effet, [...] l'innovation elle-même est en voie d'être ramenée à une routine. Le progrès technique devient toujours davantage l'affaire d'équipes de spécialistes entraînés qui travaillent sur commande et dont les méthodes leur permettent de prévoir les résultats pratiques de leurs recherches ». La distinction entre « innovation destructrice » et « innovation routinière » (Baumol, 2002), comme j'essaierai de le montrer par la suite à propos de l'entrepreneur dyslexique, n'est toutefois plus aussi évidente, surtout à la lumière des innovations survenues au cours des années 1990 avec la généralisation des nouvelles technologies de la communication, de la production en réseau et surtout du savoir diffus. On lira, par exemple, le livre de Michael J. Mandel (2004), dans lequel l'économiste de *Business Week* insiste sur la centralité des *breakthrough innovations* (comme le moteur à combustion interne ou Internet) pour relancer la croissance de manière consistante et durable. Sur la même question, l'essai de Maurizio Lazzarato (2002) sur la psychologie économique de Gabriel Tarde mérite certainement une lecture approfondie.

une pathologie qu'il fallait soigner, se révèle être, à l'heure du capitalisme numérique, un avantage compétitif potentiel.

Les nomades du langage

Si l'on en croit l'ingénieur et sculpteur Ronald Davis, auteur du *Don de dyslexie* [3] et fondateur du Reading Research Council Dyslexia Correction Centre, la faculté mentale qui est au fondement de la dyslexie est un don au véritable sens du terme, une faculté naturelle, un « talent perceptif » qui, s'il n'est pas détruit ou réprimé prématurément par la famille ou par l'école, révèle une intelligence supérieure à la moyenne et d'extraordinaires capacités créatives. Tous les dyslexiques ne développent pas les mêmes talents et chaque cas de dyslexie est différent, mais tous partagent un certain nombre d'aptitudes fondamentales : une faculté à modifier et à créer des perceptions, une conscience extrême de l'environnement où ils évoluent, une curiosité supérieure à la moyenne, une capacité à penser par images, intuition et introspection, une pensée et une perception multidimensionnelles, une capacité à percevoir la pensée comme réelle, une vive imagination. Ce sont précisément les facultés que partagent les managers interviewés dans *Fortune*.

Pour Paul Orfalea, la plus simple des phrases a toujours été pire qu'un hiéroglyphe égyptien. À l'école, il développe un rapport symbiotique avec ses camarades, auxquels il confie tous ses devoirs écrits, tandis qu'il se consacre à plein temps

---

3 Ronald Davis, *Le Don de la dyslexie*, Paris, Desclée de Brouwer, 1995, réed. augmentée 2012.

à la photocopieuse. De là naît l'idée de Kinko, le service en *outsourcing* aux entreprises pour l'impression de documents de tous types. Le fait de se perdre dans le texte tout autant que de se déplacer physiquement dans l'institution scolaire comme sur un grand échiquier, développe chez Charles Schwab, le futur inventeur du *discount brockerage*, un puissant sens tactique, un esprit flexible et une aptitude singulière à prendre des risques. Pour Bill Dreyer, l'inventeur de la première machine protéinique, être dyslexique, c'est comme avoir un logiciel de CAO (conception assistée par ordinateur) implanté dans le cerveau, qui lui permet d'agir dans le monde des affaires comme s'il s'agissait d'un espace tridimensionnel. John Chambers, le fondateur de Cisco, l'entreprise phare de la *new economy* qui produit des systèmes de communication en réseau, attribue son succès à sa facilité à sauter continuellement d'un point à un autre. « Je m'imagine une partie d'échecs sur un cycle dimensionnel à plusieurs niveaux, et je peux presque la jouer en dehors de mon esprit. Mais ce n'est pas un jeu. C'est du *business*. Jamais il ne m'arrive de ne faire qu'un seul mouvement à la fois. D'habitude, je peux anticiper le résultat potentiel et savoir où se trouveront les Y tout au long du parcours. »

Sally et Bennett Shaywitz, les directeurs du Center for Learning and Attention de Yale, affirment que la difficulté à fixer et à décoder les *phonèmes* développe chez les dyslexiques une capacité à voir ou à percevoir très rapidement le cadre d'ensemble, le *contexte* dans lequel ils agissent. « Ils n'ont pas le choix, c'est une question de survie. » À la différence de la conceptualisation verbale qui caractérise la manière usuelle de penser avec les *sons* des mots, les dyslexiques pensent avant tout à l'aide des *images* mentales des concepts et des idées.

Le monologue intérieur d'un dyslexique est rare ou nul, il n'entend pas intérieurement ce qu'il lit, à moins qu'il ne lise à haute voix. Pendant la lecture, sa « surdité » intérieure est palliée par des « images parlantes » qui servent de support aux signifiés des mots [4].

L'analyse de la dyslexie permet donc de poser un problème plus général, connu depuis longtemps des sémioticiens et les groupes de recherche sur les facultés mentales : celui de l'interprétation de l'*impact cognitif* des nouvelles technologies de l'information et de la communication ; plus précisément, il s'agit de savoir s'il y a compatibilité ou hétérogénéité structurelle entre la cognition qui est liée aux mots et celle qui est liée aux images. L'entrepreneurialité dyslexique, comme nous allons le voir, semble trancher cette question en faveur de la première hypothèse.

La pensée verbale est *linéaire* dans le temps, au sens où elle suit, phonétiquement avant même que graphiquement, la structure séquentielle du langage. Lorsqu'une personne utilise la pensée verbale, elle compose mentalement les phrases, un mot à la fois. La pensée verbale se déploie à la vitesse du langage, qui est d'environ 150 mots par minute en moyenne, soit 0,25 mot à la seconde. La pensée non verbale, en revanche, est *évolutive*. L'image « se développe » à mesure que la pensée ajoute de nouveaux concepts. De ce fait, la pensée non verbale est beaucoup plus rapide que la pensée linéaire verbale, ce qui constitue un avantage certain pour l'action entrepreneuriale en situation de compétition. On estime que la pensée non verbale

---

4 Ce qui, comme nous le verrons bientôt, permet d'inscrire l'absence de monologue intérieur du dyslexique parmi les facultés linguistiques qui définissent universellement cet *animal parlant* qu'est l'homme.

se déploie à la vitesse de 32 images par seconde environ, soit à une fréquence de 1/32e de seconde, la même vitesse que la perception oculaire [5]. La vitesse de la pensée par images (l'intelligence du « coup d'œil », pourrait-on dire) permet d'expliquer la faculté d'*intuition* des dyslexiques, au sens où ils prennent conscience du *produit* de leur pensée au moment où celui-ci advient, mais qu'ils n'ont pas conscience du *processus* de production de ce produit. Le dyslexique, pour ainsi dire, connaît la réponse sans savoir pourquoi c'est la réponse.

Il convient de préciser ici que chaque individu pense des deux manières à la fois : verbale et non verbale. Mais chacun a tendance à se spécialiser, à pratiquer l'une de ces modalités comme modalité première de pensée, et l'autre comme secondaire. Franco Lo Piparo ne dit pas autre chose lorsqu'il critique les thèses qui postulent l'opposition radicale et la concurrence entre le langage verbal et le langage visuel, à l'ère de la diffusion des technologies de la communication et à la représentation iconique-visuelle qui les caractérise [6].

––––

5 Rappelons que si un *stimulus* dure moins d'1/25e de seconde mais plus d'1/36e de seconde, on entre dans la sphère *subliminale*. C'est-à-dire que le cerveau reçoit le *stimulus*, mais l'homme n'est pas conscient de ce qu'il a reçu. S'il se situe dans un *continuum*, il se confond avec l'image qui précède et celle qui suit. Par conséquent, la pensée par image des dyslexiques est plus rapide que le flux de conscience (égal à 1/25e de seconde), mais plus lente que la limite subliminale.

6 Il s'agit d'une recension des livres de Raffaele Simone (2000) et de Domenico Parisi (2000). « Ces deux auteurs sont convaincus que la révolution informatique modifie profondément l'organisation de la cognition humaine. Avec cette différence que là où Simone met en avant les aspects régressifs et négatifs, Parisi insiste sur les aspects libérateurs et positifs. » (Lo Piparo, 2000)

Il faudrait se décider à en finir avec l'idée que le langage verbal serait un développement de la gestualité, et penser au contraire à la naissance du langage comme à un événement phono-visuel (dont la gestualité, le graphisme et la voix articulée seraient les acteurs coopérants) plutôt que comme à un événement strictement phono-auditif. L'hypothèse selon laquelle les premiers mots auraient été accompagnés par des formes de représentation graphique, et pas seulement par une gestualité orientée vers la communication, est la seule compatible avec l'implication réciproque des quatre éléments générateurs de l'animal humain (position verticale, transformation des membres antérieurs en mains, apparition des d'outils, langage) [7].

---

7 La position verticale, écrit toujours Lo Piparo, libère les membres antérieurs de la fonction de locomotion en les transformant en mains. La main, à son tour, est con-cause d'une série d'événements fondamentaux : i) elle libère l'appareil buccal des tâches de défense et d'attaque, et facilite sa spécialisation dans la production de la voix articulée ; ii) elle est désormais particulièrement adaptée pour fabriquer des outils ; iii) avec les mains, il est possible de faire des gestes et de tracer des signes-images. À preuve de la nécessaire coopération entre vision auditive et vision iconique, l'auteur donne l'exemple du langage signé des sourds : « Mains et appareil phono-articulaire étant neurologiquement reliés et génétiquement organisés pour coopérer (et non pour entrer en compétition), ils sont aussi en mesure d'échanger des fonctions en cas de manquement grave ou d'insuffisance de l'un ou l'autre organe ». Cette coopération sensorielle est également présente dans l'approche de Simone, au moins pour ce qui concerne le langage des signes : « La vision alphabétique doit être distinguée avec soin des autres modalités sensorielles. En effet, elle a des caractères communs avec la vision non alphabétique et, en même temps, avec l'ouïe, mais elle ressemble plutôt à cette dernière : comme la vision non alphabétique, elle est, évidemment, médiée par l'œil ; mais, comme l'ouïe, elle ajoute à ce trait celui d'être linéaire, c'est-à-dire de pouvoir s'appliquer à des objets disposés successivement » (Simone, 2000, p. 20, note 21). En réalité, le langage des signes des

Si, donc, le langage est d'emblée multisensoriel, ou, selon la terminologie contemporaine, multimédia, il en découle en toute logique que le passage de la typographie de Gutenberg à l'environnement virtuel *n'implique pas* une révolution physiologique, mais bien plutôt une modalité de coopération différente entre le langage verbal et le langage visuel.

Les nouvelles technologies de la communication – écrit encore Lo Piparo – ne produisent de ce point de vue aucun nouvel ordre des sens : bien plus qu'elles ne renouvellent la hiérarchie des sens, elles reproduisent, dans une version complexifiée, un co-ordre sensoriel qui existe depuis que l'homme est apparu sur terre.

Et il conclut :

Les technologies informatiques sont une indéniable révolution mais pas au sens où elles modifieraient l'ordre des sens (Simone) ou parce qu'elles viendraient au secours des images dans leur compétition avec le langage (Parisi). Sur ces points, les nouvelles technologies font ce que font toutes les technologies : elles conservent, elles transforment et elles compliquent ce qui existe dans la nature. Leur charge révolutionnaire, il faut la trouver ailleurs.

La dyslexie comme « trouble spécifique de l'apprentissage » se manifeste à l'âge scolaire, lorsque l'enfant commence à se confronter avec le langage verbal. Si, à l'âge préscolaire, l'enfant a développé de façon particulière la pensée non verbale, le choc produit par l'apprentissage de l'écriture peut être réellement traumatique. Cette difficulté « congénitale » se manifeste en présence de tous les mots dont les signifiés

———

sourds et malentendants présente une capacité de linéarisation égale à celle des entendants.

ne peuvent être représentés. Dans la pensée non verbale, il n'est pas difficile de penser au mot « éléphant » si l'on sait à quoi ressemble un éléphant. L'animal que nous nommons « éléphant » est le signifié littéral du mot « éléphant » : en voir l'image, c'est en voir le signifié [8]. On peut dire la même chose de verbes comme « voler », « dormir », « regarder », parce que nous avons vu, éprouvé ou ressenti les actions décrites par ces mots. Il faut néanmoins se rappeler que, *même* chez les dyslexiques, la capacité à percevoir une image est corrélée à la capacité à utiliser le langage : « L'image d'un ange pourrait-elle exister – se demande Lo Piparo – en l'absence du mot *ange*, des signifiants qui lui sont associés et des propositions : *ceci est un ange, ceci au contraire n'est pas un ange ?* » Cela veut dire qu'il n'est pas nécessaire d'avoir l'expérience directe de quelque chose pour savoir ce que c'est (il n'est pas nécessaire d'être allé en Afrique pour savoir ce qu'est un éléphant) ; mais cela signifie également que dans les cas où c'est la pensée non verbale qui prévaut, comme chez les dyslexiques, le langage verbal a *quoi qu'il en soit*, d'une manière ou d'une autre, joué son rôle (par exemple quand les parents d'un enfant virtuellement dyslexique lui disent « *ça, c'est* un éléphant, *ça, ça n'est pas* un éléphant »).

Pour ceux qui pensent de façon non verbale, il est impossible de penser ces mots dont les signifiés ne peuvent être représentés. Savoir à quoi ressemble un *a* ne veut pas dire que nous savons penser un *a*. Voir les lettres L-E qui forment le mot *le*

---

8 On pourrait dire que l'image de l'éléphant est *inséparable* de la sémantique du mot éléphant, mais que pour les dyslexiques, c'est le degré d'iconicité évoqué mentalement par le mot qui prévaut sur le degré d'arbitraire de ce dernier.

ne signifie pas qu'on en perçoit le signifié [9]. Il existe environ 250 mots qui posent problème à la plupart des dyslexiques. Ils appartiennent au vocabulaire courant, mais les dyslexiques ne parviennent pas à former une image mentale de leur signifié. Davis les appelle « mots déchaînés » parce qu'ayant des signifiés abstraits et souvent un grand nombre de signifiés différents, ils sont la cause de la *désorientation* et de la sensation de confusion qu'éprouve le dyslexique aux prises avec la lecture d'un texte. Chaque fois qu'une personne dyslexique rencontre au cours de sa lecture un ou plusieurs de ces mots déchaînés, le développement de l'image mentale qui se transforme à mesure que la phrase progresse est bloqué. Il se retrouve face à une série d'images déconnectées, comme séparées par des espaces blancs. La désorientation produite par la rencontre conflictuelle avec les mots déchaînés est le signe que la perception des symboles a été accélérée et distordue tant et si bien que lire ou écrire devient extrêmement difficile, pour ne pas dire impossible.

Les mots déchaînés altèrent sérieusement la logique de fonctionnement de la *syntaxe*, cette partie de la grammaire qui fixe les lois de composition de la phrase, particulièrement celles qui régissent l'organisation des mots et de ces chaînes de mots que sont les *propositions*. Ce déficit dans les opérations logico-syntaxiques a pour conséquence que le mot perçu, le premier signifié, celui qui surgit le premier à l'occasion du mot (l'*éléphant*, dont il était question tout à l'heure), entraîne immédiatement avec lui la pensée qui, lorsqu'elle s'y réfère, devient

---

9   « Lorsque nous avons recours au processus de représentation de la pensée non verbale – écrit Davis – nous ne savons pas nous représenter le signifié d'un mot comme objet ou action » (Davis, 2003).

incapable de prendre la nécessaire distance, de le dépasser ni horizontalement ni verticalement, de modifier le signifié, et par conséquent de progresser dans la compréhension de la proposition. C'est comme si chaque mot était perçu « pour lui-même », de manière immédiate, hors contexte et hors syntaxe. Comme l'écrivait André Rey dans ses *Monographies de psychologie clinique*, le « sujet ne peut se débarrasser rapidement des éléments littéraux perçus, il le fait parfois seulement pour certains d'entre eux, quand il a besoin de passer à d'autres connexions. Il doit se libérer, et ce faisant, il saute des références, d'où une désorientation et des retours incohérents ».

Ce qui est intéressant, c'est que cette désorientation, ce déplacement de la perception, relève du même mécanisme que celui qu'utilisent et développent les dyslexiques pour reconnaître les objets et les événements de la vie réelle dans leur environnement *avant* d'apprendre à lire. Dès l'enfance, les dyslexiques utilisent inconsciemment la désorientation pour obtenir des perceptions multidimensionnelles. Par un déplacement de leurs sens, ils sont capables d'avoir des visions multiples du monde. Ils perçoivent donc les choses depuis plusieurs points de vue et ils en tirent plus d'informations que les autres. Parce qu'il n'analyse pas ce qui l'entoure en suivant une logique verbale-linéaire, le dyslexique *globalise* en partant d'une « *perception embrassante* », et ainsi souvent devine, juxtapose, répète, anticipe. Il n'est pas difficile de distinguer une vertu entrepreneuriale dans cette modalité de pensée, tout particulièrement dans un monde globalisé où une multiplicité de facteurs hétérogènes, dés-ordonnés par des mouvements multiples et souvent contradictoires, concourt à définir le contexte économique dans lequel la pensée opère.

Qu'on ne se méprenne pas : la désorientation est un phénomène commun à tous, c'est une fonction naturelle du cerveau. D'habitude, elle survient lorsque nous sommes submergés par les *stimuli* ou les pensées. Elle survient aussi quand le cerveau reçoit des informations de la part de différents organes sensoriels et cherche à relier les informations entre elles. Dans le cas des dyslexiques, l'usage *actif* de la désorientation à l'âge préscolaire donne aujourd'hui encore matière à controverse. Selon Glen Rosen, professeur associé en neurologie au Beth Israel Deaconess Medical Center de Boston, dans le cerveau des dyslexiques, des nuages opaques de neurones ont dévié de leur parcours normal (probablement au cours du développement fœtal) pour constituer de petits amas appelés *ectopia* (littéralement : hors-lieu, *out of space*). Ces neurones nomades seraient la cause d'une cascade de disjonctions connectives dans le câblage cérébral. Étant donné que les *ectopia* empêchent certaines fibres nerveuses d'aller où elles le devraient, elles migrent au hasard, en connectant les unes aux autres des régions du cerveau qui ordinairement ne le sont pas. D'autres analyses de l'activité cérébrale, réalisées à l'aide de la résonance magnétique, démontreraient que les dyslexiques éprouvent des difficultés à décoder les phonèmes parce que le son stimule chez eux la partie antérieure du cerveau. Chez les lecteurs normaux, en revanche, c'est la partie postérieure qui est activée par la sonorité d'un phonème. Une étude italo-britannique publiée dans la revue *Science* en conclut que la gravité des symptômes dépend de la complexité orthographique de la langue d'origine. Bien que les bases neurologiques de la dyslexie soient universelles, la probabilité de souffrir de ce trouble serait moins grande chez les sujets italophones que chez les anglophones, parce que l'orthographe de l'italien est plus régulière.

Je ne suis pas en mesure de juger des fondements scientifiques de ces théories. Il me semble néanmoins possible d'affirmer que si la dyslexie est en train de devenir un phénomène *social* (au point de devenir une *compétence entrepreneuriale*), vraisemblablement induit par la diffusion des technologies de la communication multimédia (de la télévision à l'ordinateur et aux jeux vidéo) et à leur impact cognitif sur les enfants depuis leur prime enfance, et que si en tant que phénomène social il met au centre de l'analyse « les facultés du langage et de la pensée *en elles-mêmes* », alors il est probable que l'étude de la dyslexie se confronte aux *dilemmes* et aux *conflits* qui traversent le champ de recherche des technosciences humaines dont parle Massimo De Carolis dans *La vita nell'epoca della sua riproducibilità tecnica.* « Le problème fondamental – écrit De Carolis – est celui du rapport entre les facultés humaines, dont toute compétence pratique est une modulation singulière, et de la constitution biologique au sein de laquelle ces facultés prennent forme » (De Carolis, 2004). Les remarques qui précèdent sur l'origine phono-visuelle du langage et sur l'origine multimédia de l'animal humain, c'est-à-dire sur la coopération « génétique » entre le langage verbal et le langage visuel, autorisent à considérer les compétences spécifiques (les talents) des dyslexiques comme constitutives de la faculté linguistique humaine dans son ensemble. Sous cet aspect, les recherches neurobiologiques sur la dyslexie courent le risque de considérer, et par conséquent d'analyser la dyslexie de façon *réductrice*, en cherchant à en isoler la cause neurologique dans le but d'*optimiser* la thérapie. Et pourquoi pas en inventant une pilule pour linéariser la pensée par images des dyslexiques.

Si l'on regarde à l'inverse l'expérience *pratique* de ceux qui enseignent aux dyslexiques à lire, à écrire et à apprendre normalement, on comprend que leur objectif principal est de permettre aux dyslexiques de s'approprier une *technique* pour percevoir les symboles de manière bidimensionnelle, et donc pour dépasser cet aspect de la vision non alphabétique (ou de la pensée multidimensionnelle par images) qui rend ardue et pénible la lecture linéaire-séquentielle d'un texte écrit. Les modèles d'enseignement de la lecture et de l'écriture se fondent avant tout sur un usage *actif* de la désorientation. La désorientation des dyslexiques a à voir avec « l'épicentre mental de la perception », l'*œil de l'esprit* qui chez les dyslexiques est complètement *mobile*.

Lorsque les dyslexiques regardent une lettre de l'alphabet et se désorientent, ils perçoivent en une fraction de seconde une douzaine de projections différentes, vues depuis le haut, les côtés et l'arrière de la lettre. En d'autres termes, l'œil de l'esprit décrit mentalement des cercles autour de la lettre comme s'il s'agissait d'un objet dans l'espace tridimensionnel. C'est comme un hélicoptère qui tournoie pour surveiller un immeuble. Telle est la fonction de la désorientation lorsqu'elle est sérieusement au travail et cherche à reconnaître un objet. (Davis, 2003)

Si l'objet est une image concrète, la désorientation induite par la mobilité de l'œil de l'esprit constitue un véritable « talent perceptif ». Lorsqu'au contraire, le mot ne se traduit pas immédiatement en un signifié iconique stable, comme dans le cas des « mots déchaînés », alors la désorientation génère de la confusion et du stress. Les lettres, les mots, glissent littéralement hors du texte, se déplacent, s'inversent, et la lecture devient une entreprise extrêmement ardue.

On remarque que la fonction *positive* de la désorientation, de la *mobilité* de l'œil de l'esprit, est une conquête récente dans le champ des recherches sur la dyslexie. Nous aurons l'occasion d'y revenir, mais il est utile de rappeler que jusqu'à la fin des années 1960, l'un des effets typiques de la désorientation, *l'absorption dans l'objet perçu*, dans le concret, qui bloque l'accès aux principes d'organisation (à la syntaxe) dans la pensée visuelle des dyslexiques, était encore considéré en termes complètement négatifs, comme une *maladie* qu'il s'agissait de soigner. Tant qu'on a considéré l'intelligence analytico-synthétique (caractéristique de la pensée verbale-linéaire) comme supérieure à l'intelligence syncrético-analogique « prisonnière du concret perçu » (caractéristique de la pensée par images), on a jugé l'intelligence des dyslexiques comme « virtuelle, inefficace, improductive comme une *intelligence désarmée*, qui lutte, impuissante, contre son propre tâtonnement à la recherche d'une orientation, qui reste labile et incertaine [10] ».

Il me semble qu'on retrouve, au fondement de cette distinction entre les deux types d'intelligence, le dualisme cartésien entre le corps et l'esprit, tant il est vrai que dans la constitution de l'intelligence analytico-synthétique, c'est le *détachement*, la *soustraction* de la réflexion par rapport à la prégnance des formes de la perception qui sont mis en avant. Un dualisme

---

10 Cf. Succhielli, Bourcier (1968). Les auteurs définissent la pensée syncrético-analogique de la manière suivante : « Le syncrétisme est une forme de pensée et de jugement qui ne peut se détacher du sensible et qui ne peut penser les relations des choses entre elles. Elle est donc un obstacle pour l'objectivation de l'univers et pour l'abstraction qui seule peut faire échec à l'analogie, afin de constituer la pensée selon le modèle logique et analytique et de libérer l'intelligence de l'affectivité et des qualités sensorielles. »

toutefois « historiquement déterminé », qui était le reflet d'une séparation (ou d'une juxtaposition fonctionnelle) entre production et communication typiques de l'ère fordiste. À cette époque, dans une société déjà fortement scolarisée, mais où seuls les messages publicitaires échappaient à la parole écrite, l'élimination de la dyslexie était présentée comme un devoir fondamental par les médecins, les psychologues et les instituteurs. Le « tournant linguistique » imprimé à l'économie par le passage au post-fordisme et par la diffusion des technologies multimédias, le devenir communication de tout acte productif, ont certainement redéfini les bases sur lesquelles reposent aujourd'hui les théories et la compréhension même de la dyslexie.

Bien que l'idée d'un œil de l'esprit mobile puisse paraître étrange [11] (elle ne l'est pas cependant pour les dyslexiques), il est empiriquement démontré qu'un dyslexique apprend à lire, à écrire et à étudier dès lors qu'il parvient à trouver un point

------

11 L'idée d'un point de vue mobile peut sembler métaphysique, presque comme une sorte de perception extrasensorielle. Les tentatives théoriques pour expliquer ce phénomène vont de la théorie des *ectopia*, que nous avons déjà évoquée, à la physique quantique, pour laquelle le fait même de percevoir produit des effets sur l'objet perçu. Selon d'autres hypothèses, il pourrait exister une forme de perception, non encore bien identifiée, comme le *sonar* qui fournit aux dauphins une image mentale tridimensionnelle de leur environnement et leur permet de la communiquer à d'autres. On peut également concevoir une forme d'imagination grâce à laquelle une personne construit mentalement des images multiples de l'objet ou du symbole perçu. « Les personnes – dit Davis – placent naturellement leur œil de l'esprit dans les différentes positions qui conviennent. Les danseurs et les athlètes (deux professions qui comptent parmi les préférées des dyslexiques) ont souvent l'œil de l'esprit placé au-dessus de leur corps, une position pratique et avantageuse. » (Davis, 2003)

d'orientation qui lui permettra de mettre un terme aux perceptions distordues de la dyslexie [12].

On utilise le Conseil d'orientation de Davis (COD) pour enseigner à une personne à contrôler la position optimale pour percevoir le monde réel, et spécialement pour la lecture. Le but du COD *n'est pas* de faire en sorte que la personne cesse de se désorienter, parce que la désorientation est un talent précieux. Le COD entraîne la personne concernée à activer et à désactiver la désorientation selon ses désirs (Davis, 2003, p. 129).

Il ne s'agit pas là d'une thérapie à des fins de guérison mais d'un *modèle pédagogique de soutien* qui permet l'apprentissage du contrôle de l'orientation et des procédures de réduction du stress, l'acquisition d'un sentiment de sécurité dans la relation aux lettres, l'identification et la gestion de la confusion, l'amélioration de l'équilibre et de la coordination, une meilleure compréhension du sens du temps et de ses rythmes [13]. En d'autres termes, la dyslexie est reconnue comme une compé-

---

12 La position optimale de l'œil de l'esprit pour s'orienter a été trouvée à force d'essais et d'erreurs. Elle varie en fonction des gens et peut changer légèrement avec le temps, mais elle se situe globalement dans une zone comprise entre dix et trente centimètres au dessus et à l'arrière de la tête, sur la ligne médiane du corps.

13 Selon certains chercheurs anglais, le sens du rythme est indispensable pour apprendre à lire et à écrire. La dyslexie pourrait être causée par la difficulté à percevoir le rythme des sons. Une étude nord-américaine a en outre suggéré que le cerveau des enfants dyslexiques pouvait être « réorganisé » au moyen d'un entraînement spécial par ordinateur. Un logiciel été conçu à cette fin, le *Fast for Word Language*, qui apprend à distinguer les différents sons qui constituent les mots, en les faisant écouter à des vitesses variables. L'insistance sur la stimulation auditive, corrélée avec des éléments spatiaux, permet d'activer un nouveau type d'élaboration en rapport avec la stimulation visuelle – cf. Machnè (dir.), 2003.

tence parmi d'autres, dans le cadre plus général de la capacité linguistique humaine. En cela, la dyslexie est davantage à même de se manifester comme une qualité entrepreneuriale.

L'économie dyslexique

Depuis la fin des années 1960, la perception de la dyslexie a radicalement changé. De « maladie du siècle », elle est devenue un don, un talent précieux qu'il s'agit de protéger et de valoriser au moyen d'activités pédagogiques de soutien propices à son développement. On ne peut bien sûr affirmer qu'aujourd'hui la dyslexie soit suffisamment connue au sein du système scolaire, et le conflit avec l'apprentissage du langage verbal reste dans la majorité des cas traumatique et source d'exclusion et d'humiliation. Il n'en reste pas moins qu'au cours des trente dernières années, non seulement le jugement porté sur la dyslexie s'est inversé, mais le phénomène lui-même a gagné du terrain, ou tout au moins a-t-il été rendu visible, au point de devenir un véritable phénomène de société. Je voudrais avancer ici l'hypothèse qu'il est possible d'interpréter ce phénomène en partant de l'impact cognitif de la troisième révolution industrielle, c'est-à-dire que la dyslexie comme « compétence entrepreneuriale » peut être expliquée à partir de la nature même de l'économie numérique [14]. Pour cela, je commencerai par rappeler

---

14 Pour ce qui concerne la description de certains aspects du capitalisme numérique, avec des exemples concrets d'entreprises émergentes comme Schwab, EBay, Cisco, MP3, Linux et d'autres, je renvoie au livre de Don Tapscott, David Ticoll et Alex Lowy (2000). On lira aussi des analyses critiques, particulièrement pertinentes, de l'économie du Net dans les livres de Carlo Formenti (2002) et de Franco

schématiquement certaines des caractéristiques du nouveau capitalisme et leur rapport avec l'agir dyslexique.

Digitalisation et coopération sociale. La généralisation des technologies de l'information et de la communication a eu pour conséquence une modification de la division du travail sous l'effet de la *délégation technologique.* Dans l'économie industrielle fordiste, la division du travail impliquait la délégation aux spécialistes (à l'ouvrier spécialisé, à l'avocat, au médecin, etc.). Avec les technologies informatiques, c'est toute une série de fonctions liées à l'écriture et à la communication orale qui sont déléguées, comme par exemple l'élaboration, la transmission et la conservation des données. Certaines décisions sont également confiées aux machines, en particulier celles qui, dans le langage et dans l'écriture à structure linéaire, constituent les nœuds connectifs fondamentaux. L'existence de machines multimédias complexes, qui ne simplifient ni ne réduisent la complexité du monde en la linéarisant, a eu des conséquences très importantes sur l'agir économique. D'une part les pratiques sociales de la lecture et de l'écriture hypertextuelles (consubstantielles à la multimédialité) modifient la façon dont on organise les textes, dont on traite les informations, dont on définit l'horizon des possibles. Toutes les définitions de l'hypertexte insistent sur le fait qu'il s'agit d'une écriture *non séquentielle,* d'une structure qui offre la possibilité immédiate d'une lecture et d'une pensée non linéaires. D'autre part, la diffusion des nouvelles technologies multimédias a pour résultat l'immersion multisensorielle des corps dans leur environnement, en prise directe avec le monde. Davantage

---

Berardi (Bifo) (2004). Pour une analyse critique de la nouvelle économie, on se reportera aux ouvrages de Robert Boyer (2002, 2004).

qu'un retour à l'immédiateté des hommes primitifs, c'est la nature *biologique* du langage qui surgit avec force dans cette ré-ordination de la vision verbale et de la vision iconique : le langage comme « activité vitale d'organes naturels », de *tous* les organes du corps humain.

Dans un environnement peuplé de technologies multimédias, où tous les sens sont activés et modulés pour gérer la désorientation produite par la non-séquentialité des perceptions, non seulement le dyslexique se trouve en terrain connu, mais certains aspects de sa manière de fonctionner deviennent de véritables qualités professionnelles. La pensée multidimensionnelle des dyslexiques, leur capacité à faire l'expérience de leurs pensées comme de réalités, à utiliser la simulation comme laboratoire de créativité, sont mises au travail *par nécessité* à travers la *coopération sociale*. Un nombre croissant de dyslexiques deviennent des managers-entrepreneurs grâce à leur capacité intuitive à « voir » la stratégie adéquate pour mobiliser et pour faire coopérer la force de travail collective. « Ils vont investir beaucoup dans les outils les plus récents d'enregistrement audio et vidéo, et en général dans tout ce qui transmet de l'information autrement que par l'écriture. Ils vont compter sur leurs salariés pour lire à leur place et pour relayer tous les messages qui requièrent l'écrit. » (Davis, 2003). La coopération transforme leur être illettré en force productive *sociale*. Mais cette transformation est particulièrement facilitée par la prolifération et la facilité d'accès des technologies multimédias.

Tout au long du processus de travail, la coopération sociale sert de levier à l'abstraction, c'est-à-dire qu'elle organise le passage du concret/perçu à la « grammaire économique » du processus de production de la valeur. Cela signifie pour l'entrepreneur dyslexique qu'il peut organiser la transition du plan syncrético-analogique (le sien) au plan analytico-synthétique (celui de la coopération de la force de travail), le passage de la *praxis* créative à la production de *profit*. S'il est vrai que dans l'univers prélogique et syncrétique des dyslexiques, les sentiments ont la double caractéristique d'être à la fois absolus et égocentriques, tandis que l'avènement de la raison analytique, de la généralité et de la relativité des relations (c'est-à-dire l'accession à un univers analytico-verbal) coïncide avec un progrès affectif (la capacité à être en rapport avec les autres et à concevoir les relations sentimentales des autres entre eux), alors le succès économique de l'entrepreneur dyslexique (l'individualisme possessif qui est à son fondement) autorise à se demander si l'affectivité et la conscience morale ne seraient pas des caractéristiques *exclusives* de la coopération sociale. Pour l'*entrepreneur* dyslexique, c'est la logique du profit qui décide, là où les valeurs en tant que telles sont ambiguës, où elles apparaissent comme une activité créative qui est aussi une fin en soi (non instrumentale, sans but). D'un côté, sa dyslexie met au travail la force productive de la coopération sociale, mais de l'autre il ne pourrait pas être entrepreneur sans être, dans une certaine mesure, dyslexique [15].

———

15 Je me rappelle que John Chambers, le grand chef dyslexique de Cisco, lorsqu'il fut confronté à la crise imminente de la *new economy*, tenta réellement d'éviter de licencier 20 000 de ses précieux salariés. À la fin, néanmoins, ce sont les raisons économiques qui l'emportèrent : les salariés furent licenciés tandis que lui resta en place.

Les rendements croissants et la pensée évolutive

La nature même des produits-marchandises est modifiée par l'amenuisement de la frontière entre les biens et les services, par l'émergence d'une économie de l'immatériel centrée sur la relation entre l'homme, l'idée et les images, par l'accroissement des contenus d'information et de l'interactivité des produits. La valeur économique tient moins à leurs propriétés physiques qu'à leur capacité croissante à donner accès à des prestations immatérielles. Comme le souligne Jeremy Rifkin, dans l'univers du nouveau capitalisme, l'accès tend à prendre la place qu'occupait autrefois la propriété, le savoir se substitue à la possession. L'économie des services modifie la conception même des biens de consommation. Les produits ne sont plus pensés comme des objets pourvus de caractéristiques immuables et affectés d'une valeur définitive, mais comme des *produits évolutifs*, toujours susceptibles de modifications et porteurs potentiels de services à valeur ajoutée. Le produit matériel sert avant tout de *support* à la distribution des services, ce qui permet d'instaurer un rapport durable entre l'entreprise et le client (avec la personnalisation du service aux clients). Et le caractère évolutif des produits rétroagit à son tour sur l'organisation des entreprises : c'est l'organisation en réseau qui prévaut, la « connectivité » qui lie les entreprises entre elles et les entreprises à leurs clients. Les nouvelles entreprises deviennent elles aussi évolutives, au sens où elles n'ont d'autre choix que de « respirer avec le marché » (de moduler leur production en fonction des oscillations de la demande) et de s'organiser selon la logique de la *division cognitive du travail* pour valoriser le capital intellectuel. La centralité des biens intangibles, c'est-à-dire de la connaissance et du travail cognitif, transfère la force productive de l'innovation scientifique (le *general intellect* marxien) des machines vers le corps vivant de la force de travail. En conséquence, les *technologies cumulatives* tendent à l'emporter sur les *technologies discrètes*. Dans les secteurs émergents, comme l'industrie mécanique avancée, l'électronique et les biotechnologies, le développement des techniques passe par l'introduction permanente sur le marché de nouveaux produits qui ne sont porteurs que de faibles avancées par rapport à ceux qui les ont immédiatement précédés, et cela indépendamment des coûts et des attentes de retours économiques [16]. Car c'est le développement scientifique et technologique global, pris dans son ensemble, qui présente ici un caractère évolutif et cumulatif.

Il y a un isomorphisme entre le flux continu, incrémental, des innovations et la pensée évolutive des dyslexiques. La rapidité et l'art combinatoire de la pensée par images, le fait que l'image augmente au fur et à mesure que le processus mental ajoute, de manière cumulative, des sous-concepts au concept d'ensemble dans un jeu linguistique non séquentiel, ne sont pas sans rappeler les modalités d'agir de l'entrepreneur schumpeterien, mais ils permettent également d'en dépasser les limites, et en particulier la distinction économique entre

---

16 Le système technique contemporain, fondé sur les nouvelles technologies de l'information et de la communication, a une structure des coûts atypique, caractérisée par des coûts fixes très élevés et, par conséquent, par des coûts variables peu importants : les coûts ne dépendent presque pas de la quantité produite. C'est la conception du produit qui est dispendieuse, tandis que sa production et sa distribution ont un coût marginal décroissant. Les entreprises du nouveau capitalisme bénéficient d'économies d'échelle et de *rendements croissants* : leur coût unitaire baisse et les résultats économiques s'améliorent avec l'augmentation de l'échelle de production.

l'innovation et l'invention. Chez Schumpeter, l'innovation qui détruit la routine du cycle économique est le fruit d'une combinaison différente (innovante) des mêmes facteurs productifs, à l'initiative de l'entrepreneur innovateur. L'innovation imprime un saut productif au système économique dans son ensemble, en détruisant son fonctionnement normal (la routine du cycle des affaires) [17]. On a bien là une caractéristique typique de la pensée évolutive, qui combine précisément de manière différente/innovante les parties constituantes d'un texte, qui les agrège de manière incrémentale, sans respecter la syntaxe ni la grammaire qui en fixent le signifié selon des principes logico-linéaires. Cependant, dans le même temps, la pensée évolutive et son caractère multidimensionnel font entrer l'*invention* au cœur même de l'économie de l'innovation. Schumpeter considérait l'invention – qu'il distinguait de l'innovation – comme une externalité par rapport au champ économique. Elle entre ici au contraire pleinement et directement dans le champ de l'innovation économique. Les sources de l'innovation économico-industrielle ne sont pas strictement économiques. À mesure que les nouvelles technologies gagnent l'ensemble de la société et que les compétences de la force de travail sont mises au travail même en dehors de l'emploi, les sources d'où jaillissent les innovations se multiplient et s'étendent aux champs les plus divers de la vie sociale. La logique de fonctionnement du nouveau capitalisme réside dans le fait qu'il intériorise *par nécessité* tout ce qui se trouve hors du champ spécifiquement économique, dans sa capacité à transformer le moindre chan-

---

17 On renvoie ici à l'importante reprise par William Baumol (2004) de la théorie schumpeterienne de l'innovation et de sa routinisation.

gement, les plus infinitésimales des inventions incrémentales, en sauts d'innovation.

La fragilité de la puissance

La dimension dyslexique de la nouvelle économie trouve son expression la plus complète dans les processus de *financiarisation* qui ont accompagné la révolution numérique des années 1990. La centralité des marchés boursiers dans le financement de la croissance économique et le lancement des nouvelles entreprises de la sphère Internet, le détournement de l'épargne collective (fonds de pension et fonds communs d'investissement) vers les titres cotés en Bourse, l'incertitude chronique des investisseurs, la bulle spéculative et son explosion dans les premiers mois de l'année 2000, tous ces phénomènes ont amené à (ré)introduire dans l'analyse économique la notion de *mimétisme*, forgée par Keynes dans les années 1930. Imiter le comportement des autres lorsqu'on ne sait pas comment agir, lorsqu'on souffre d'un *déficit structurel* d'information n'est pas seulement un réflexe bien naturel : sur les marchés financiers, c'est un comportement parfaitement *rationnel* [18]. Cette réalité met à mal la théorie néoclassique des anticipations rationnelles, selon laquelle les agents économiques décident isolément les uns des autres, en exploitant au mieux les informations

---

18 Cf. Moureau, Rivaud-Danset (2004). Michel Aglietta et André Orléan font partie de ceux qui ont développé avec la plus grande rigueur le concept de mimétisme à partir du déficit d'information qui caractérise « ontologiquement » les sujets agissant sur les marchés financiers (cf. Aglietta, 2002 ; Orléan, 1999).

disponibles afin de pouvoir anticiper, car ils connaissent le « vrai » modèle de l'économie. Le mimétisme, au contraire, définit d'emblée les décisions/choix de la multitude des investisseurs comme un processus collectif grégaire qui transcende les croyances individuelles (fondées sur la supposée rationalité de l'*homo œconomicus* néoclassique) et qui trouve sa pleine rationalité dans le cadre de ce qu'on appelle les *conventions*. Les conventions sont des « croyances collectives », des « opinions communes » qui naissent chez les acteurs des marchés et qui finissent par s'imposer comme des *constructions cognitives* aux simples sujets qui y participent. La logique qui sous-tend les conventions implique que l'on tienne compte des *rumeurs*, puisque du simple fait de leur circulation, les rumeurs ont un impact sur tous les autres opérateurs. Qu'elles aient ou non un fond de vérité n'a aucune importance tant leur effet réel sur les prix des titres élevés au rang de conventions est immédiat. Dans la sphère financière, les anticipations des investisseurs peuvent se focaliser sur tel ou tel titre pour des raisons complètement indépendantes des valeurs fondamentales qui lui sont inhérentes. Il suffit de penser au rôle que jouent les nombres symboliques dans la dynamique boursière, comme ce fut le cas, par exemple, de la valeur 10 000 de l'indice Dow Jones. Parce qu'ils sont intrinsèquement caractéristiques, ces nombres sont choisis par la multitude des investisseurs qui les élèvent au rang d'« opinion commune », de convention. La « convention Internet » de la fin des années 1990 et, plus récemment la « convention Chine » sont elles aussi des tendances de marché issues de la communauté des investisseurs selon la logique de la rationalité autoréférentielle : le référent à partir duquel les agents déterminent leur comportement n'est pas une norme ou une valeur extérieure au processus d'imitation, c'est une norme ou une valeur produite par le processus mimétique lui-même, en dernière instance de l'opinion du plus grand nombre. De ce point de vue, on peut affirmer que l'autoréférentialité est un prodigieux mécanisme d'intensification des rumeurs.

Les conventions sont déterminées historiquement, au sens où elles regroupent un nombre important de facteurs *hétérogènes*, qui concourent à déterminer les tendances qualitatives du marché. La convention Internet, par exemple, regroupait à la fois la diffusion des technologies de la communication et de l'information, dans le cadre domestique, le sentiment de développement illimité du marché numérique, l'infinie puissance de l'interconnectivité, la dimension sociale du savoir mis en réseau. Dans son intrication avec la finance, cette convention évoquait la possibilité de réaliser un revenu déconnecté du travail et du cycle de vie-travail [19]. On peut affirmer que dans le processus de création-élection d'une convention, la logique syncrético-analogique l'emporte sur la logique analytico-séquentielle : « Cela dépend davantage de l'imagination que de la logique, de la poésie ou de l'humeur que de la mathématique. Il est intéressant de noter que la théorie traditionnelle des jeux ne s'est pas du tout intéressée à cette question : le fait que les gens puissent se coordonner de cette manière ne peut pas être saisi par des raisonnements *a priori*. » (Schelling, 1960, p. 97–98)

Les variations des indices boursiers sur lesquels se concentrent les conventions sont le reflet de dynamiques multisensorielles et multidimensionnelles qui entrent en conflit avec la logique linéaire-séquentielle du circuit économique (l'argent-

———

19 Sur la convention Internet, voir Luca De Biase (2003).

marchandise-argent, de marxienne mémoire). Le langage des marchés boursiers *excède* le langage économique, les mesures quantitatives de l'offre et de la demande, de l'épargne et de l'investissement, et leurs relations linéaires. Les crises financières ne font rien d'autre que de révéler la fragilité de la puissance de l'agir « dyslexique » des marchés financiers, la contradiction entre l'agir syncrético-analogique des sujets qui constituent le marché et la logique linéaire-consécutive de l'économie.

L'analyse des conventions montre qu'il existe de « mauvaises » conventions [20] qui ont été choisies pour des raisons historiques spécifiques. On peut considérer *a posteriori* la « fièvre Internet », ou la fièvre des tulipes au XVIe siècle, comme des « délires collectifs ». Les croyances collectives qui sont au fondement des conventions ont une indéniable fonction *créative*. Ce que *pense* la multitude des agents, la manière dont on se *représente* le monde, tout cela a un effet sur les prix et donc sur les relations que les agents nouent entre eux. Ce qui empêche la sortie de la crise, disait Keynes, ce n'est pas la rareté objec-

———

20 L'exemple le plus cité d'une « mauvaise » convention est celui du clavier QWERTY des machines à écrire (où les lettres « qwerty » indiquent l'ordre des touches). Les travaux de Paul David ont montré que ce clavier n'a pas été choisi parce qu'il permettait une plus grande efficacité dans la frappe, une autre disposition des lettres aurait pu au contraire être bien meilleure. Une fois choisie, la convention QWERTY a fini par l'emporter sur les autres conventions existantes sur le marché et qui lui étaient supérieures. Si l'on garde à l'esprit que la convention QWERTY fut choisie pour *ralentir* le rythme de frappe des dactylos, afin d'éviter que les marteaux des machines à écrire ne se coincent trop fréquemment, l'effet *positif* de cette « mauvaise » convention a été de permettre à tous d'utiliser une machine à écrire, et aujourd'hui l'ordinateur… selon les rythmes de chacun.

tive du capital mais la façon dont les individus se représentent la valeur normale du taux d'intérêt. Entre les hommes et leur bonheur, ce qui fait obstacle, ce ne sont pas les contraintes naturelles exogènes, ce sont leurs croyances mêmes. Et cela est vrai précisément parce que les conventions ne sont pas arrimées à une connaissance certaine et définitive mais sont le fruit de processus collectifs qui évoluent de manière intrinsèque et sont à même de produire leur syntaxe spécifique, la grammaire de leur bonheur ou de leur malheur.

Dans le capitalisme dyslexique, la puissance créative de l'agir humain s'affranchit des constructions imposées par la logique linéaire de l'économie de marché. La crise révèle ce devenir interne, cette alternance délirante entre une créativité multisensorielle et un ordre économique disciplinaire.

Bibliographie

Aglietta M., 2001, *Macroéconomie financière. 1 : Finance, croissance et cycles*, Paris, La Découverte.

Aglietta M. et Orléan A., 2002, *La Monnaie entre violence et confiance*, Paris, Odile Jacob.

Baumol W., 2002, *The Free-Market Innovation Machine*, Princeton, Princeton University Press.

Berardi (Bifo) F., 2004, *Il sapiente, il mercante, il guerriero. Dal rifiuto del lavoro all'emergere del cognitariato*, Roma, DerriveApprodi.

Berle A. A. et Means G., 1932, *The Modern Corporation and Private Property*, Harcourt, Brace & World, New York.

Boyer R., 2002, *La Croissance, début de siècle. De l'octet au gène*, Paris, Albin Michel.

— 2004), *Une théorie du capitalisme est-elle possible ?*, Paris, Odile Jacob.

Davis R. D., 1994, *The Gift of Dyslexia. Why Some People Can't Read and How They Can Learn*, New York, Eldon.

De Biase L., 2003, *Edeologia. Critica del fondamentalisme digitale*, Rome-Bari, Laterza.

De Carolis M., 2004, *La vita nell'epoca della sua riproducibilità tecnica*, Turin, Bollati Boringhieri.

Formenti C., 2002, *Mercanti di futuro. Utopia e crisi della Net Economy*, Turin, Einaudi.

Lazzarato M., 2002, *Puissances de l'invention*, Paris, Le Seuil.

Lévy P., 1995, *Qu'est-ce que le virtuel ?*, Paris, La Découverte.

Longo G., 2002, « L'avventura complicata delle nuove tecnologie », *in Cenobio*, LI.

Lo Piparo F., 2000, « I sensi, le immagini, il linguaggio e la rivoluzione conservatrice dell'informatica », *in Sistemi intelligenti*, XII.

— 1998, « I pazzi, i coleotteri e il linguaggio-specchio », *in* Pennisi A., 1998, p. 1–6.

Mandel M. J., 2004, *Rational Exuberance. Silencing The Enemies of Growth*, New York Harper Collins.

Marris R., 1971, *L'Entreprise capitaliste moderne*, traduit par Jacques Lleu et Dominique Delorme, Paris, Dunod.

Miller M. C., 2004, « La dislessia di Bush », in Festa R. (éd.), *Cosa succede a un sogno. La risposta della sinistra liberal e radicale ai neocon*, Turin, Einaudi.

Moureau N. et Rivaud-Danset D., 2004, *L'Incertitude dans les théories économiques*, Paris, La Découverte.

Orléan A., 1999, *Le Pouvoir de la finance*, Paris, Odile Jacob.

Parisi D., 2000, *Scuola@.it. Come il computer cambierà il modo di studiare dei nostri figli*, Milan, Mondadori.

Pennisi A., 1998, *Psicopatologia del linguaggio. Storia, analisi, filosofie della mente*, Rome, Carocci.

Rifkin J., 2005, *L'Âge de l'accès*, traduit par Marc Saint-Upéry, Paris, La Découverte.

Schelling T.C., 1960, *The Strategy of Conflict*, Oxford, Oxford University Press.

Schumpeter J., 1942, *Capitalisme, socialisme et démocratie*, traduit par Gaël Fain, Paris, Payot, 1990.

Simone R., 2000, *La terza fase. Forme di sapere che stiamo perdendo*, Rome-Bari, Laterza.

Succhieli R. et Bourcier A., 1968, *La Dyslexie maladie du siècle*, Paris, Les Éditions sociales.

Tapscott D., Ticoll D. et Lowy A., 2000, *Digital Capital. Harnessing the Power of Business Webs.*, Boston, Harvard Business School Press.

La démocratie en Amérique [1]
Financiarisation et communisme du capital

J'aimerais essayer de réfléchir à partir de certains éléments que nous pourrions considérer comme des tentatives de critique de la démocratie. Je le ferai cependant de manière spécifique à partir de certains processus qui se sont produits ces dernières années – essentiellement aux États-Unis, mais avec des effets d'irradiation et de diffusion puissants à l'échelle mondiale. J'aborderai ces éléments de critique radicale de la démocratie à partir de ce processus important que nous avons appelé la financiarisation, et qui a partie liée avec cet autre processus puissant que nous désignons sous le nom de nouvelle économie, ou d'économie postfordiste. L'intérêt d'analyser la financiarisation tient à ce que celle-ci concentre aussi bien des mutations de la forme de la souveraineté que, pour la première fois dans l'histoire, l'entrée de segments du cognitariat [2], du *general intellect*, sur les marchés boursiers – comme si le *general intellect*, pour la première fois, avait abandonné son jeans et son T-shirt et s'était présenté en veston croisé.

Quel est le but de cette prise en compte de la financiarisation ? Celle-ci a correspondu – j'y reviendrai – à ce grand déplacement de l'épargne collective depuis les circuits économiques nationaux jusqu'aux circuits boursiers mondiaux, elle en a repré-

---

1 Publié à l'origine dans le volume collectif *Guerra e democrazia*, Rome, Manifestolibri, 2005.
2 Le néologisme, assez fréquent en italien, est composé du croisement du mot *proletariato* (prolétariat) et de l'adjectif *cognitivo* (cognitif) : le cognitariat (*cognitariato*) désigne le nouveau prolétariat de la connaissance (NdT).

senté la translation au-dehors des frontières nationales : dans les deux dernières années de la décennie passée, de très grandes quantités de capitaux ont été catapultées sur les marchés boursiers dans un mouvement d'euphorie – et même d'irrationalité inconcevable. Ce processus a en réalité suivi une évolution historique précise. Il commence en 1979, et se présente comme le volet financier de la crise de la classe ouvrière fordiste et de sa destruction – tant il est vrai qu'il débute précisément avec le tournant monétariste de Volker, qui était alors le président de la *Federal Reserve* ; avec l'augmentation drastique des taux d'intérêt, en octobre 1979, qui a marqué le passage vers une déstabilisation progressive de la politique monétaire et du rôle des banques, et a amené à l'affirmation définitive des marchés boursiers en tant que modalités de financement de l'économie. Pour la première fois, le duopole du modèle anglo-saxon fondé sur la finance, et du modèle rhénan (typiquement allemand, mais aussi français et italien) fondé sur le financement bancaire, est fortement déséquilibré en faveur du premier.

S'il faut mettre en compte les fonds de pension, des fonds institutionnels et de l'épargne privée, d'une part, il faut aussi, de l'autre, enregistrer dans le devenir de cette financiarisation l'affirmation toujours plus grande du secteur des nouvelles technologies – un secteur ayant su mobiliser la force de travail créative et innovatrice qui a fait la fortune et les malheurs de la *new economy*. En ce sens, nous voyons ici pour la première fois l'équivalent du processus qui a eu lieu dans les années 1920, juste avant la grande crise – l'émergence d'un fordisme micro-économique qui, pour pouvoir se généraliser et s'imposer comme mode de régulation de l'économie, a eu besoin de sa propre grande crise. Je pense que cette crise-là, qui a commencé en mars 2000 et qui s'est d'une certaine manière calmée – moyennant des coûts importants – en 2002, est en réalité la première crise de ce que nous appelons le capitalisme cognitif. La première, mais sans doute pas la dernière. Une crise qui marque le passage vers une ultérieure diffusion et généralisation de la financiarisation.

Les processus de financiarisation sont intéressants à cause de ce qu'ils nous disent à propos des questions liées à la démocratie, à la représentation politique, aux concepts de pouvoir et de souveraineté.

La première chose qu'il faut souligner ici, c'est que dans les années de la financiarisation et du boom des Bourses, on a commencé à parler de l'affirmation d'un *individualisme patrimonial* fondé sur une approche contractualiste : l'entreprise est devenue le lieu où se nouent les contrats entre mandataire et commanditaire, entre actionnaire et management, entre travailleurs, fonds de retraite et propriété collective du capital. Cet individualisme patrimonial fondé sur un principe contractualiste a remplacé l'approche organiciste qui était en revanche typique de la phase fordiste, et dont le principe de base considère que l'intérêt collectif des différents sujets qui contribuent d'une manière ou d'une autre à la production de la richesse doit être fixé *ex ante*, a priori, et définit les limites à l'intérieur desquelles chacun peut rechercher son propre intérêt. Or précisément tout cela n'existe plus.

Avec la financiarisation, chacun entre en rapport contractuel avec l'autre et alimente ainsi un mouvement d'individualisation du lien social et économique : c'est la fin du modèle rhénan-allemand, où les ouvriers, les syndicats, les représentants des banques et ceux de l'État – tous, en somme, concouraient à déterminer le cadre dans lequel l'intérêt collectif était défini *a priori*.

Aujourd'hui, cette approche organiciste se perpétue à travers l'idée de *corporate social responsability* – avec la tentative de redéfinir l'entreprise comme lieu d'entrecroisement d'une pluralité d'intérêts : les travailleurs, les consommateurs, les actionnaires, etc. Récemment, l'une des couvertures de *The Economist* a critiqué cet essai de récupération de l'organicisme. En réalité, je ne pense pas que cela ait réellement de grandes chances de redevenir le pivot des rapports de classe et des rapports de force.

La sortie de l'approche organiciste et la tentative de contractualiser les liens sociaux est difficile et elle ne va pas de soi, même si la financiarisation, à la fin des années 1990, a poussé l'organisation capitaliste du travail et des rapports entre capital et travail à muter de manière importante.

Les discours sur la démocratie absolue, y compris dans les variantes les plus extrêmes que l'on a pu entendre, ont toujours été formulés à partir des marchés financiers : c'est là que se développe la première théorie de la démocratie absolue, parce que c'est précisément là que chacun, quand il acquiert une portion de capital, croit être lui-même auto-représenté dans la forme de la participation à la distribution de ce capital. Nous savons qu'il n'en va pas de la sorte, et que l'individualisme propriétaire ou patrimonial, le projet de société que Bush a relancé, sont pleins d'asymétries et de faux mécanismes représentatifs. Il n'en reste pas moins que le modèle est aujourd'hui celui qui dicte l'opinion et qui crée du consensus. C'est sur ce point que le concept de démocratie a été poussé vers ses conséquences historiques et théoriques les plus extrêmes ; mais c'est là, aussi, que s'est ouverte toute une série de failles sur lesquelles la pensée critique doit, d'une manière ou d'une autre, réfléchir.

J'aimerais à présent ouvrir une parenthèse. Je pense que nous devons faire acte d'autocritique à propos de l'usage que nous avons fait de la catégorie de travail immatériel. Selon moi, cette expression a eu pour conséquences tout un ensemble de pensées fausses. Avant toute chose, l'expression « travail immatériel » est un oxymore : le travail est toujours matériel, même quand il est cognitif ; et il est difficile, tout à la fois comme dépense d'énergie physique et comme dépense d'énergie intellectuelle. Je crois par conséquent que nous devons abandonner ce concept, et insister plutôt sur l'aspect cognitif du travail en réservant l'immatérialité aux biens et services, sans quoi nous ne verrons pas clairement les questions qui se posent.

Par exemple : la souffrance liée au travail cognitif. Il y a eu ces dernières années un développement très impressionnant de toute une série de pathologies, de souffrances, de dépressions. Récemment, des données concernant le marché du travail américain ont été publiées : dans les trois dernières années, on a perdu non pas 1 800 000 postes de travail, mais 1 800 000 personnes qui étaient au travail et qui ont dû cesser leur activité – des personnes qui ont pour la plupart fini en état d'invalidité. Nous ne devons pas sous-évaluer cette dimension de la souffrance au travail, parce que sinon, nous ne pourrons dialoguer avec personne à l'intérieur de ces processus. Nous ne devons pas faire l'erreur – pourtant si souvent dénoncée par les philosophes du langage – de séparer, à la manière de Descartes, le corps et l'esprit ; ou bien nous nous enferrerons dans une impasse dont il sera difficile de sortir. Je ferme la parenthèse.

Revenons à la financiarisation. Un autre aspect intéressant est représenté par la question de la souveraineté. Dans la nouvelle économie, différentes formes de rémunération se sont développées, par exemple les *stock options* pour les managers. Ces formes de rémunération sont liées au rendement de l'entreprise – même pour les salariés, à travers les fonds de pension ou les fonds d'investissement. Ces formes de rémunération monétaire, en déplaçant la création de liquidité de la sphère de l'État à celle des marchés financiers, ont permis à ces derniers de connaître une forte croissance. Il y a réellement eu un déplacement de la création de liquidité « en dernière instance » hors de la banque centrale – une banque qui, ce n'est bien entendu pas un hasard, a dû emboîter le pas à la finance en monétisant précisément ce que la finance émettait sous forme de dettes.

Quel sens a tout cela ? Cela signifie que la souveraineté – c'est-à-dire tous ceux qui paient la dette sociale et permettent aux citoyens de se sentir partie prenante d'une communauté à travers une relation de confiance, a été désétatisée. Je ne comprends pas le retour aux théories de l'impérialisme qui reviennent au désir de l'État-nation, alors même que la souveraineté impérialiste est désormais largement affaiblie et qu'on est désormais face à une souveraineté bien plus complexe, mondiale, transnationale et trans-étatique, c'est-à-dire liée aux mécanismes financiers du marché.

Cela signifie que, du point de vue de l'analyse de la création de liquidité, nous nous trouvons devant un déplacement concret de la souveraineté qui n'est pas lié simplement à la bulle spéculative : les marchés financiers créent toujours plus de formes embryonnaires de monnaie qui permettent par exemple, dans les opérations de fusion, d'utiliser les actions pour se fondre avec une autre entreprise. Les *stock options* constituent elles aussi une forme embryonnaire de monnaie et, d'une certaine manière, esquissent la possibilité d'une forme privée d'argent – exactement comme von Hayek l'avait préconisé.

Nous sommes encore bien loin de pouvoir faire nos courses au supermarché en utilisant des actions, mais quelque chose de totalement inédit s'est cependant développé ces dernières années. J'y insiste pour signaler ce déplacement provoqué par les processus de transformation tout à la fois du capitalisme et de la manière dont il créait de la valeur. Or ce changement s'accompagne aussi d'une mutation de la communauté de référence. Nous pouvons formuler ce point dans les termes suivants : la liquidité bancaire, surtout dans la phase fordiste, est ce qui avait permis à l'État, l'État social, l'État comme banque centrale, de fixer les objectifs de croissance à partir du centre qu'il représentait, et d'en faire le pivot de la constitution de la communauté. La liquidité financière, avec ses symboles et ses valeurs, a créé un nouvel espace social qui s'émancipe de la souveraineté étatique. L'individu de cette société propriétaire fondée sur l'individualisme patrimonial est porteur de droits qui sont *titrisés* – puisque l'expression est aujourd'hui à la mode en Italie.

Prenons l'exemple d'un retraité qui, tout au long de sa vie, a constitué une épargne à travers le versement d'une cotisation de retraite publique, et qui, une fois arrivé à l'âge adéquat, reçoit de l'argent. Le principe de la retraite publique est celui de la répartition : celui qui travaille verse de l'argent à celui qui est à la retraite, c'est donc bien d'argent qu'il s'agit là. Passons maintenant au principe du système des retraites fondé non plus sur la répartition mais sur la capitalisation. Quand on arrive à l'âge de la retraite, on n'obtient plus de l'argent mais des titres qui doivent être convertis, c'est-à-dire vendus sur les marchés financiers pour pouvoir être traduits en équivalent monétaire. Cela signifie que les droits fondamentaux qui ont sous-tendu toute l'époque fordiste, les droits sociaux, sont désormais titrisés et élargissent par conséquent la sphère de la financiarisation et de l'individualisme.

Il faut cependant réfléchir à la question suivante : ces processus sont, malgré tout, incomplets. En effet, la souveraineté liée aux banques centrales demeure : nous sommes certes confrontés aux processus de financiarisation, mais nous avons encore affaire, aussi, au pouvoir et à sa forme souveraine dans la gestion en dernière instance de l'argent. C'est important, parce que c'est précisément sur la base de cette contradiction, de cette tension, de cette ambiguïté, que nous devons tenter de saisir, à travers la première crise de la *new economy*, un nouveau stade de la mondialisation elle-même.

Que s'est-il passé avec cette crise – qui a commencé en 2000 et qui est encore aujourd'hui en cours ? Au début des années 2000, on a assisté à une inversion de tendance dans les flux des investissements directs. C'est la réalité actuelle de la Chine et de l'Inde, et des pays où les entreprises américaines et européennes investissent directement. Cet *outsourcing* mondial, cette sous-traitance à l'échelle planétaire, est un processus réel qui n'est pas seulement lié aux secteurs les plus anciens – la manufacture, classiquement fordiste – mais qui concerne des segments importants d'une force de travail hautement qualifiée. Nous avons affaire à un déplacement impressionnant, qui explique au moins en partie cette étrange reprise américaine sans création d'emplois notable. Par ailleurs, cette crise de la *new economy* n'a pas seulement montré que le cognitariat était un nouveau sujet mais qu'il s'agissait d'un sujet qui posait des problèmes – ceux-là mêmes qui, aux États-Unis, sont de fait à l'origine de la crise elle-même.

La force de travail cognitive, qui a été très largement impliquée dans les processus de la *new economy*, a montré qu'elle possédait des valeurs différentes de celles du capital et du capitalisme cognitif. Elle a été littéralement enfermée à l'intérieur des entreprises de la *new economy* à coups de *stock options*. C'est là un point fondamental : la force de travail cognitive est une force susceptible de résister et de développer de l'hostilité. Peter Drucker, un des grands gourous du *business management*, dit que quiconque a travaillé chez Microsoft déteste Microsoft précisément parce que tout le savoir, toute la connaissance dont il était le porteur, ont toujours été écrasés par des valeurs qui étaient exclusivement monétaires. La seule manière de retenir cette force de travail a donc été de lui offrir des rémunérations très élevées – ce qui n'empêche pas que, dans le travail cognitif, il existe quelque chose que Claudio Napoleoni [3] appelait un *résidu*, un reste, une excédence impossible à réduire aux seules valeurs du capital. Cette subjectivité, cette manière active de se soustraire, pousse la financiarisation à l'extrême, mais elle l'amène également à sa crise. La crise de la *new economy* qui a débuté en 2000, est due aux rémunérations trop élevées dans ce secteur, et à l'incapacité de l'actionnariat de contrôler la dynamique et les coûts de la force de travail cognitive. D'où la nécessité de faire de la crise un moment de dévalorisation, de réduction de sa valeur à un niveau moindre. Ce n'est qu'ainsi que l'on peut expliquer le reflux de capitaux vers des pays comme la Chine et l'Inde, où l'on trouve une force de travail cognitive de qualité, mais où les salaires sont inférieurs, et où, qui plus

---

3 Claudio Napoleoni (1924–1988) était un économiste marxiste. Il était professeur à l'université de Turin. Pour un aperçu de ses travaux, voir par exemple *Dalla scienza all'utopia. Saggi scelti 1961–1988*, Turin, Bollati Boringhieri, 1992 (NdT).

est, la régulation politique des marchés de la force de travail est bien différente.

Ce sur quoi je voudrais insister, c'est que si l'on considère le coût de la force de travail dans son ensemble dans le secteur des nouvelles technologies, des postes de managers aux emplois les plus bas, à la fin des années 1990, on s'aperçoit que la part des profits avant taxes qui a servi à payer la force de travail a immédiatement dépassé les 70 %. Dans les secteurs manufacturiers, au contraire, on oscille au contraire entre 20 et 25 % ! Ce qui signifie qu'il y a réellement quelque chose, dans le travail cognitif, qui a déstabilisé les rapports de force à l'intérieur des processus de valorisation. C'est un point qu'il ne faut jamais oublier : tous se sont un peu moqués de la *new economy*, mais en réalité, tout le monde, en douce, voulait y croire – pour une raison ou pour une autre : il y avait ceux qui y voyaient le triomphe du cognitariat, ceux qui y voyaient au contraire le triomphe de l'actionnariat, ou ceux y lisaient seulement l'irrationalité. Puis la *new economy* a explosé, et nous savions tous que cela devait se produire un jour ou l'autre ; mais nous avons fait notre possible pour l'oublier ; et quand on cherche à effacer aussi rapidement quelque chose, quand on n'élabore pas véritablement un deuil, quelque chose demeure. Ce quelque chose qui est resté en nous, c'est précisément la découverte d'un terrain de démocratie absolue, mieux, une espèce de préfiguration de certaines formes de démocratie absolue ; et en même temps, l'impossibilité de la réaliser à l'intérieur de ce qui est la forme propriétaire et contractualiste, à l'intérieur de la financiarisation.

J'aimerais terminer par une question qui a été formulée par Mario Tronti [4] : est-ce qu'il vaut mieux avoir Bush ou Clinton ? Je pense que Clinton est toujours mieux que Bush – mais je ne le soutiens pas parce que je crois en lui. Les années de l'administration Clinton ont été celles du démantèlement total de l'État social fordiste : en 1996, on est passé du *welfare state* au *workfare state*, de l'assistancialisme au rationnement des indemnités [5] ; des années où la réduction drastique – jusqu'à l'effacement pur et simple du déficit public n'a été possible que grâce aux coupes sombres dans les dépenses sociales et à l'augmentation des entrées fiscales due à la taxation des revenus du capital. D'autre part, Clinton a parcouru le monde dans tous les sens – je ne veux pas dire que la forme de la *new economy* était la meilleure dans l'absolu, et je pense que même si Kerry était venu à bout d'une série de drames avec lesquels nous avons dû finalement apprendre, de manière directe ou indirecte, à cohabiter, ces drames-là n'aurait pas disparu pour autant. Face à la mondialisation du capitalisme cognitif, avec ses énormes processus de délocalisation et d'inversion des flux de capital, le problème du « bushisme » est que plus de la moitié de la dette publique américaine est financée par les Asiatiques, et que ceux-ci ont un grand intérêt à freiner la dévaluation du dollar pour pouvoir continuer à exporter leurs biens vers les États-Unis : ils détournent par conséquent

---

4 Mario Tronti, (né en 1931), philosophe et homme politique italien, est considéré comme l'un des fondateurs de l'opéraïsme dans les années 1960, en particulier à travers sa participation à la revue *Quaderni Rossi*, jusqu'en 1963 (NdT).
5 Le terme employé ici par Marazzi est *sussidi*, c'est-à-dire toutes les formes d'aides, d'indemnités et de revenus d'insertion attribués par l'État (NdT).

toute l'épargne qu'ils réussissent à réaliser vers les bons du Trésor américain. Or, le fait est que, grâce au circuit international des investissements, le capitalisme américain réussit à baisser les impôts, à cohabiter avec l'endettement privé des familles, à avoir une inflation négative en termes réels et des taux d'intérêt très bas ; mais que le prix à payer pour tout cela, c'est une impressionnante militarisation du monde. Pourquoi, jusqu'à aujourd'hui, l'équilibre du circuit financier a-t-il tenu le coup ? Parce qu'il y a un intérêt mondial à le faire tenir : les Chinois sont intéressés par l'achat de bons du Trésor américain parce qu'ils veulent freiner la dévaluation du dollar, et que si le dollar est peu dévalué, ils pourront continuer à exporter. Mais il est vrai que les Chinois ont à leur disposition une arme mortelle : ils peuvent effectivement sortir de la dette publique américaine, si l'accumulation de toutes ces contradictions finit par impliquer des risques réels, ou si les Asiatiques veulent se mettre à investir au Brésil, en Argentine, au Venezuela et en Europe (ce qui est, de fait, déjà en train de se passer). Voilà les changements d'alliances qui sont en jeu ; mais ces changements, les Américains n'ont aucune intention de nous les laisser faire. La guerre est le prolongement d'une crise de la souveraineté impériale – *impériale*, précisément aussi parce que d'autres espaces sont en train de déplacer les alliances et qu'ils redéfinissent la géostratégie des luttes.

La prochaine fois, le marché [1]

Lehman Brothers a fait faillite le 15 septembre 2008 : c'est l'événement-choc qui a marqué le début de la crise financière. Depuis, qu'est-ce qui a changé ?

La faillite de Lehman Brothers représente le passage d'un capitalisme financier dans lequel le processus de privatisation du *deficit spending* keynésien avait été central, à un capitalisme financier d'État, c'est-à-dire où le *deficit spending* est à nouveau étatisé – même si cela se passe de manière différente par rapport à ce que les États faisaient pendant les Trente Glorieuses, quand ils pratiquaient le keynésianisme en pleine croissance fordiste. Le *deficit spending* est la modalité par laquelle l'État – ou la finance de marché – crée de la demande supplémentaire, c'est-à-dire des revenus supplémentaires par rapport aux revenus salariaux créés par l'économie : une création de demande à travers l'endettement. Il s'agit d'un mécanisme fondamental dans l'histoire du capitalisme, qui a accompagné, au XXe siècle, l'émergence de l'impérialisme – c'est-à-dire l'établissement d'un rapport de dépendance des pays pauvres du Sud à l'égard des pays développés du Nord, les premiers fonctionnant comme des espaces de débouchés [2] pour la survaleur (*surplus*) non susceptible d'être vendue à l'intérieur des pays riches. En

---

1   Entretien avec Gianni Becevel, *Tysm Literary Review*, n°0, septembre 2010.
2   Le terme utilisé par Marazzi est ici « mercati di sbocco », littéralement « marchés de débouchés » et désigne des espaces de repli, utilisés à défaut d'espaces de marché disponibles dans les pays développés (NdT).

effet, la création de ces espaces de débouchés a été rendue possible en poussant les pays de la périphérie à s'endetter auprès des banques multinationales, et en les obligeant par là même à tomber dans le « piège de la dette », un dispositif qui a aspiré les économies précapitalistes dans le capitalisme mondialisé non seulement à travers l'exploitation et l'exportation des matières premières, mais par l'exploitation des populations du Sud du monde. Pendant les Trente Glorieuses du fordisme, les États ont intériorisé le « piège de la dette » sous la forme d'une demande supplémentaire, d'un espace de débouchés *interne* qui a permis le développement du *welfare state*. L'endettement public, qui avait été important à partir des années 1980, et dans les trente dernières années qui sont celles du capitalisme financier (aussi bien à cause des dépenses militaires que des politiques néolibérales de réduction de la fiscalité pour les riches), a cessé de fonctionner comme un levier de production de demande supplémentaire. Les politiques de coupe dans les dépenses sociales, qui ont été l'effet des politiques de réduction de la pression fiscale sur les (hauts) revenus et sur le capital (afin d'« affamer la bête », comme le dit un jour David Stockman, conseiller économique de Bush Senior), donnent alors le coup d'envoi à la privatisation du *deficit spending* : elles déplacent par conséquent la dette de la sphère publique à celle, privée, des entreprises et des familles. Les trente ans qui précèdent la crise des *subprimes* sont précisément des années où la financiarisation pousse les familles et les entreprises à tenter de trouver des revenus supplémentaires par l'endettement privé, c'est-à-dire par des contrats avec le marché financier et banquier. La crise des emprunts *subprime* a explosé avec la faillite de Lehman Brothers, et c'est précisément la crise de ce dispositif en vertu duquel la finance aspire les plus pauvres dans l'économie financière de marché à travers l'endettement, en recourant de toutes les manières possibles au mécanisme crédit/dette (comme dans le cas de la titrisation des emprunts *subprime* – puisqu'il s'agit alors, pour les banques, de libérer leurs bilans financiers des crédits hypothécaires, et de pouvoir proposer des crédits toujours nouveaux). La limite de ce processus, c'est-à-dire sa crise, est atteinte en 2006-2007, au moment où l'augmentation des biens immobiliers – qui était la condition nécessaire pour faire entrer les familles à bas revenus dans le marché immobilier *via* l'endettement – s'arrête ; puis quand elle se transforme en son exact contraire – une chute des prix qui a provoqué la série de faillites en chaîne que l'on sait. Pour sauver la finance de son écroulement, les États-Unis ont décidé des mesures d'intervention spectaculaires : ils ont étatisé le *deficit spending* à travers l'achat de titres « toxiques » (par exemple les emprunts *subprime* qui ont été titrisés), et par l'émission de liquidités. Voilà : c'est cette étatisation du *deficit spending* réalisée dans le but de sauver la finance qui marque la phase immédiatement postérieure à la faillite de Lehman Brothers, et de beaucoup d'autres banques et compagnies d'assurance. Avec une différence essentielle par rapport aux politiques d'endettement public de l'époque fordiste : il s'agit de la création d'une demande supplémentaire *financière*, c'est-à-dire d'une rente financière, comme le montre la reprise des marchés boursiers à partir de mars 2009. Cette reprise de la finance ne sert à résoudre les problèmes de la sortie de la grande récession qu'en partie, dans la mesure où elle n'est pas en elle-même capable de relancer la croissance de la demande générale nécessaire pour redonner une bouffée d'air à l'économie réelle. Or cette dernière a précisément bien du mal à reprendre. Les investissements des entreprises sont bloqués, et le chômage et la pauvreté ne cessent d'augmenter.

Est-il suffisant de pointer du doigt la finance créative, les emprunts subprime et les bonus des managers des banques, ou les causes qui ont déclenché la crise sont-elles bien autres ?

Non, ce n'est pas suffisant : la finance créative, les *subprimes* et même les bonus scandaleux des managers font partie d'un mécanisme (d'une logique) capitaliste dont le problème principal n'est pas seulement la production de valeur, ou plus exactement de survaleur, mais sa réalisation – c'est-à-dire la vente de biens et services contenant cette valeur. Ces trente dernières années, la création de rentes financières a sans aucun doute permis de faire croître la consommation (et donc la vente) de la survaleur produite. Nous avons donc assisté à une sorte de « devenir-rente du profit », c'est-à-dire à une augmentation des profits à travers la financiarisation, de la même manière que nous avons assisté à une augmentation des revenus non salariaux à travers l'endettement privé des familles (qu'on pense par exemple aux cartes de crédit, ou à la dette hypothécaire). À partir du début des années 1980, il y a eu un développement en tenaille des profits et de l'accumulation – l'accumulation signifiait le réinvestissement des bénéfices dans les processus de production (dans les machines, et dans la création d'emplois). Si les profits ont augmenté de manière constante, l'accumulation du capital, elle a stagné. Cette tenaille peut s'expliquer de différentes façons : les profits ont augmenté avant tout parce que les salaires sont restés les mêmes, grâce aux processus de flexibilisation du travail et aux politiques d'*outsourcing* (externalisation et délocalisation industrielle) vers les pays émergents où le travail était très peu cher. Mais elle s'explique aussi à la lumière des nouvelles stratégies développées par les entreprises, des nouveaux modèles productifs, où l'extraction de la valeur est pour ainsi dire déplacée hors des usines et s'impose au contraire dans la sphère des échanges et de la reproduction, à travers la mise au travail de la vie elle-même. En d'autres termes, l'augmentation des profits sans accumulation est en réalité un mécanisme en vertu duquel les processus d'accumulation sont profondément transformés – ils sont dématérialisés –, ce qui permet au capital d'aspirer de la survaleur sans pour autant investir de manière importante dans des machines, ou dans des dispositifs de captation de la valeur (de travail gratuit) dans l'espace de la circulation et de la reproduction de la force de travail. Aujourd'hui on parle même de *crowdsourcing*, c'est-à-dire de mise au travail de la foule, et le modèle qui résume le mieux cette stratégie bio-économique est celui de Google et d'Ikea (où, quand on fait travailler les consommateurs à la production de leur propre bien-service, en montant par exemple soi-même une bibliothèque Billy à la maison, on obtient des économies fabuleuses). C'est cela, ce bio-capitalisme naissant, qu'il faut pointer du doigt – c'est dans cette production de valeur à travers le travail gratuit (survaleur) que se situe la contradiction du nouveau capitalisme financier. Un capitalisme qui est financier parce qu'il a besoin de produire une rente pour pouvoir réaliser-vendre toute la survaleur créée. Un capitalisme de la rente financière parce que, exactement comme à l'aube du capitalisme foncier, il extrait de la richesse en dehors des processus directement productifs. Dans le capitalisme foncier (physiocrate), la rente était la forme monétaire de l'exploitation capitaliste de la terre ; aujourd'hui, elle est la forme monétaire de l'exploitation du *Bios*, de la vie tout entière.

L'interprétation dominante de la crise soutient qu'il y a une nette séparation entre l'économie financière et l'économie réelle : la première, perverse, aurait été la cause de tous les problèmes et aurait fini par entraîner la seconde, qui tendait au contraire à être bonne. Selon vous, l'explication est suffisante ?

Non, sur ce point, je suis en désaccord total aussi bien avec les économistes marxistes classiques qu'avec les économistes keynésiens. Comme je le disais il y a un instant, le capitalisme financier de marché est caractérisé par le fait que la finance et l'économie réelle se superposent l'une à l'autre, et qu'elles ne sont désormais plus susceptibles d'être distinguées. En somme : la finance est devenue consubstantielle à l'économie réelle ; et pour comprendre la logique de fonctionnement du capitalisme actuel, il faut dépasser cette idée d'une dichotomie entre l'économie réelle et l'économie financière. Il suffit de rappeler qu'au tout début des années 1980, ce sont les entreprises de ce que l'on appelait l'économie réelle qui ont, les premières, lancé la financiarisation en investissant leurs profits en Bourse afin de les faire croître. Mais je ne suis pas non plus d'accord avec tous ceux qui prétendent distinguer les profits financiers des profits industriels pour expliquer la dérive financière des trente dernières années. Ces gens-là, je leur suggère de relire Marx quand, dans le troisième volume du *Capital*, pour expliquer la baisse tendancielle du taux de profit, celui-ci affirme qu'il ne faut pas distinguer dans son analyse le profit industriel, d'une part, et le profit commercial (qu'aujourd'hui nous appellerions financier), de l'autre – parce que son raisonnement a pour objet « le profit *en général* ». Bien sûr, ces critiques que je formule à l'égard de ceux qui distinguent encore l'économie réelle de l'économie financière n'a rien d'apologétique : ce n'est en rien une forme de condescendance à l'égard du nouveau capitalisme de la rente. C'est au contraire une manière de pointer les nouvelles contradictions du capitalisme de la modernité tardive, en particulier celle qui existe entre les processus d'exploitation et le *Bios*, la vie : une contradiction explosive dans la mesure où s'opposent à l'exploitation de la vie sous toutes ses formes une autre série qui est celle de toutes les formes de la coopération sociale, de l'affectivité, des sentiments, qui *résistent* au contraire à l'exploitation. À l'intérieur du nouveau capitalisme financier, les luttes doivent inventer des parcours inédits – des luttes pour la réappropriation du temps de l'existence humaine, c'est-à-dire des luttes qui pratiquent des formes d'exode hors du temps du capital. La revendication d'un revenu de citoyenneté (un *basic income* inconditionné), qui est en train de s'affirmer et de gagner en légitimité à la faveur de la crise, est une manière de traduire politiquement cette analyse du capitalisme qui dépasse la distinction entre l'économie réelle et l'économie financière.

Pourquoi l'autorité monétaire centrale a-t-elle laissé la Lehman Brothers faire faillite ?

C'est un exemple parfait de la *shock economy* que décrivait de manière si efficace Naomi Klein : une production d'événements traumatisants grâce à laquelle le capitalisme a réussi, depuis les années 1970, à transformer les impossibilités politiques en possibilités économiques. La faillite de Lehman Brothers, c'est exactement cela : cela a servi à contraindre les libéraux, qui soutenaient que le marché était capable de s'autoréguler, à accepter la nécessité d'une intervention publique – massive –

pour sauver les marchés financiers. Dès le début de 2008, les marchés financiers avaient commencé à perdre du terrain, il y avait déjà eu quelques faillites, comme celles de Bear Sterns, de Fannie Mae et Freddy Mac, mais le problème *politique* était en réalité de comprendre comment convaincre les pouvoirs décisionnels d'affronter la crise systémique des banques, des assurances, des investisseurs institutionnels à travers une révolution keynésiano-financière de portée historique. C'est pour cette raison qu'on a décidé de laisser Lehman Brothers faire faillite : pour montrer comment, en absence d'un sauvetage par l'État, le marché était voué à la faillite. Il s'agit d'une véritable « révolution par le haut », d'un coup d'État financier pour imposer aux libéraux les plus sceptiques un saut vers ce que nous pouvons aujourd'hui définir comme la financiarisation de l'État, l'ultime stade du capitalisme financier.

Les injections de trillions de dollars auxquelles se sont livrées les différentes banques centrales sont-elles suffisantes pour guérir les entreprises malades ?

Dans cette phase de la crise, il existe très évidemment un problème qui concerne la relance de la demande, afin de permettre aux entreprises elles-mêmes de relancer leur production. Le crédit ne coûte pas cher, mais les banques ne veulent pas courir de risques avec les entreprises « malades », et elles préfèrent donc investir sur les marchés boursiers toute la liquidité que les banques centrales ont fait affluer dans le système bancaire. Les entreprises cherchent à récupérer des capitaux en ayant recours au marché des obligations ; mais sur ce marché-là, il y a la concurrence des États fortement endettés, qui sont eux aussi contraints d'avoir recours aux obligations pour essayer de couvrir leur déficit. Par ailleurs, les entreprises font des coupes claires dans les coûts du travail ; elles réduisent également leurs dépenses dans le secteur Recherche&Développement et pour le travail cognitif, alors que c'est paradoxalement fondamental pour qu'elles sortent vainqueures de la crise (on veut par exemple qu'elles tendent à externaliser la recherche dans les pays émergents). Il faudra des années – les analystes parlent de sept ou huit ans – avant de revenir à une possibilité de croissance comme celle qu'on avait dans la période qui a précédé la crise. Entre-temps, on assistera à une succession de bulles spéculatives – de celle des matières premières à celle des emprunts commerciaux, et même à celle des dettes publiques. Parce que les États, pour éviter l'explosion de ces bulles potentielles, sont en train d'acheter une très grande quantité de titres toxiques – des titres qui, une fois dans le ventre de l'État, risquent de provoquer de véritables crises de la dette publique.

Vous affirmez qu'après trente ans de financiarisation, la finance est entrée à l'intérieur des États. Est-ce que cela signifie que la prochaine fois que l'économie financière entrera en crise, ce sont les caisses des différents États qui trembleront ?

Bien sûr que ce risque existe ! Les politiques qu'on appelle de *quantitative easing*, c'est-à-dire de création de liquidité (à travers l'utilisation de la planche à billets) pour éviter la faillite du système bancaire et financier, ce sont des politiques qui vont au-devant de problèmes gigantesques. Le danger de l'inflation est l'un de ces problèmes, même si je ne pense pas que ce soit ce qui nous attend. Je crois que le problème le plus sérieux, c'est la déstabilisation des taux de change des monnaies, avec un dollar qui s'affaiblit à cause de la politique des taux d'intérêt proches de zéro qui a été mise en œuvre par la *Federal Reserve* : une politique qui favorise le *carry trade* (l'arbitrage) par lequel les investisseurs empruntent en dollars (à bas taux d'intérêt), convertissent le dollar en d'autres monnaies, et investissent là où les rendements sont les plus élevés. La bulle universelle générée par ce mécanisme – qu'on connaît en réalité depuis longtemps : il suffit de penser au yen japonais des années 1990 – ne peut pas ne pas nous amener à une crise. Par exemple, si les États-Unis sont à un moment ou à un autre contraints d'augmenter leurs taux d'intérêt pour attirer des capitaux, on assistera à une inversion du *carry trade*, c'est-à-dire à une sortie massive hors des marchés à rendements élevés afin de pouvoir solder le plus rapidement possible l'emprunt contracté. Une belle panique ! On ne peut pas exclure une bulle de la dette publique. Le problème, dans ce cas-là, c'est l'absence d'un créditeur suprême – l'absence d'une transcendance, d'un Dieu monétaire capable de sauver les sauveurs du système financier. Ce serait le triomphe de l'immanence sur la transcendance !

La crise financière pèse essentiellement sur les classes moyennes et sur les classes les moins favorisées. Est-ce un phénomène qui est circonscrit à cet écroulement des marchés, ou cela a-t-il à voir avec la nature du système capitaliste ?

La crise des classes moyennes a commencé il y a déjà un certain temps – depuis qu'on est sorti du fordisme et que des formes de travail flexible, de travail autonome (de « seconde génération », comme disent certains [3]) se sont développées en dehors des formes traditionnelles du rapport entre le capital et le travail. Par ailleurs ces classes moyennes sont aux prises non seulement avec les difficultés liées à leur capacité d'épargne, mais avec l'érosion du revenu différé, c'est-à-dire aux rentes des retraites. Ces dernières ont été aspirées par les marchés boursiers, ce qui a permis au capital de lier le risque des classes moyennes à son propre risque. La paupérisation des classes moyennes est un fait réel, qui aura des répercussions énormes sur la politique. Le populisme, comme instrument politique de gouvernement, est une des conséquences les plus dangereuses de cette paupérisation des classes moyennes.

Que faut-il attendre dans le futur ? Les mesures adoptées par les différents gouvernements seront-elles efficaces sur le long terme, s'agit-il de simples rustines face à une situation qui prend désormais l'eau de toutes parts ?

Le futur proche sera rythmé par des crises financières toujours plus fréquentes. Des années 1980 à aujourd'hui, nous avons eu en moyenne une crise tous les deux ans et demi ; mais à partir de maintenant leur fréquence augmentera encore davantage. Cela dit, c'est précisément cela, le *modus operandi* du capitalisme financier. Une manière d'agir où les processus d'exclusion sont suivis par des processus d'inclusion, et à nouveau d'exclusion, un peu comme ce qui s'est passé avec

---

3   Ch. Marazzi fait ici allusion tout particulièrement aux travaux de S. Bologna et A. Fumagalli. Voir par exemple S. Bologna et A. Fumagalli (éd.), *Il lavoro autonomo di seconda generazione. Scenari del postfordismo in Italia*, Milan, Feltrinelli, 1997.

les *enclosures* au XVIIe siècle : les « habitants des biens communs » – c'est-à-dire, à l'époque, des terres – ont été expulsés, poussés hors des processus de privatisation de la terre, puis par la suite à nouveau inclus dans ceux de salarisation-privatisation de la production des marchandises. Nous sommes désormais en proie à un « syndrome bipolaire » généralisé, une psychopathologie du capitalisme schizophrène qui exige que nous réagissions par l'affirmation du souci de soi et par la recherche de nouvelles formes de vie centrées sur notre propre autonomie par rapport au capital.

Table

Édition originale
© Maison des sciences de l'homme et
Cambridge University Press.

ISBN 978-2-88928-008-7

© diaphanes, Zurich-Berlin 2017

www.diaphanes.fr